» IL CAMMEO «

VOLUME 524

MI RITORNO IN MENTE

IL CORPO, LE EMOZIONI, LA COSCIENZA

di
EDOARDO BONCINELLI

LONGANESI

Gruppo editoriale Mauri Spagnol

www.longanesi.it

ISBN 978-88-304-2312-1

I edizione febbraio 2010
II edizione aprile 2010

MI RITORNO IN MENTE

INTRODUZIONE

LE ISTANZE DELLA COSCIENZA

> L'abisso che c'è fra la certezza che io ho della mia esistenza e il contenuto che tento di dare a questa sicurezza, non sarà mai colmato.
>
> Albert Camus, *Il mito di Sisifo*

L'uomo è l'unico essere che dice « io » e che, forse, è capace di pensare « io ».

Tutti parliamo dicendo « io »: « Io dico, io faccio, io penso ». E sappiamo cosa diciamo. Anche io dico « io », e so che cosa intendo. Talvolta tiro in ballo il concetto di coscienza, perché sento di potermi quasi sempre identificare con la mia coscienza, sia di me stesso che del mondo.

Io vivo certamente nel mondo, nel mio corpo e col mio corpo. Ma che rapporti ho con il mio corpo? Con il mondo? Con me stesso? Queste sono le domande alle quali vuole rispondere questo libro, un libro rivolto a tutti gli io del mondo, una sorta di indagine spregiudicata sulla coscienza – « che vive e sente e sé in sé rigira » per dirla con Dante – sulle sue province e sui suoi rapporti con tutto il resto.

Per quanto possa sembrare paradossale, la risposta più semplice alle tre domande precedenti è quella che verte sulla natura del mondo. Perché lo conosciamo da sempre e ne abbiamo sempre sentito parlare. Esistono le cose e le loro interazioni. Esistono l'aria, l'acqua, la terra e il cielo; esistono gli edifici, i mezzi di trasporto, gli animali e le piante ed esistono gli altri, dai parenti più stretti ai nostri simili più remoti. Per me il mondo comprende tutto ciò, incluse le menti e le coscienze che io posso ragionevolmente assumere che gli altri abbiano.

Quasi tutto posso osservare, almeno in linea di principio, e studiare, inquadrandolo con i miei sensi e cercando di integrare i dati percettivi con ciò che so e con ipotesi più o meno verosimili che posso avanzare in proposito. Perché possa dire di conoscerlo, tutto deve passare per la mia coscienza, perché quello è lo strumento con il quale « registro » tutti gli eventi, esterni e interni. La coscienza è lo spazio del presente e il passaggio obbligato per il mio passato e dal mio passato.

Deve essere comunque chiaro che certe cose da me non le avrei mai potute osservare. Per farlo ho avuto bisogno delle abilità e delle esperienze collettive di altri uomini, se non di tutti quanti i miei simili, presenti e passati. Anche supponendo, per assurdo, che io potessi sopravvivere da solo e avere una percezione, a certe cose non avrei mai potuto accedere, o perché remote, o perché nascoste, o perché appartenenti al passato: la morte di Giulio Cesare, la struttura della molecola dell'acqua, la disposizione delle stelle nella Galassia sono realtà per la conoscenza delle quali sono interamente debitore alla civiltà umana e da essa totalmente dipendente.

Per la mia individualità due sono le cose sorprendenti del mondo e della sua percezione da parte mia. Da una parte il fatto che quello che io vedo e sento non è troppo diverso da quello che mostrano di vedere e sentire tutti i miei simili e dall'altra il fatto che domani ci sarà ancora quasi certamente qualcos'altro da vedere e da sentire: il mondo non si esaurisce insomma con l'oggi e ancora meno con l'oggi-qui.

Ci spieghiamo il primo fenomeno sulla base dell'unità dei viventi e in particolare della loro comune evoluzione, negli ultimi quattro miliardi di anni. Tutti vediamo il mondo più o meno nella stessa maniera, perché se così non fosse qualcuno avrebbe grosse difficoltà a cavarsela e i suoi predecessori ne sarebbero stati troppo svantaggiati e messi a rischio di sopravvivenza.

Il mondo ci riserva inoltre sempre qualcos'altro di nuovo e aveva in serbo spettacoli continui anche quando noi non c'eravamo e molto probabilmente quando non c'era ancora nessun uomo a osservarli. Questo costituisce uno degli « ossi più duri » da digerire: che io l'osservi o meno, il mondo va avanti e segue un suo cammino coerente e concepibile, nel quadro di una posizione che nella storia del pensiero filosofico prende il nome di Realismo.

A proposito di questa posizione è opportuno fare un'osservazione. Nonostante il fatto che il mondo io non lo possa conoscere se non tramite la mia coscienza, tutto il pensiero occidentale ha proceduto nella considerazione e nello studio del mondo stesso, escludendone accuratamente l'io e i suoi strumenti più stretti e privati. In particolare la scienza si è sviluppata come conoscenza degli oggetti del mondo con l'attenta e consapevole esclusione del soggetto stesso.

Non potrò personalmente mai dimostrare che esiste un mondo indipendente dalla mia coscienza e nello stesso tempo devo accettare il fatto come ineluttabile. Il mondo nel suo complesso c'è, là fuori, e il mio corpo ne fa parte, insieme ai corpi di tutti gli altri esseri viventi e al complesso degli oggetti inanimati. Questo è un punto importante del quadro complessivo che vado delineando. Per quanto io sia centrato sul mio io e cerchi programmaticamente di esplorare il mondo da questo particolare angolo di osservazione, non posso non dare per assodato che esista un mondo, qualunque cosa esso sia.

La novità della posizione che mi sento di proporre qui consiste nel fatto che al mondo appartiene tutto quello che esiste eccetto io, ovvero la mia stretta coscienza personale e i suoi contenuti vissuti, vissuti solo ed esclusivamente da me. Il mondo così definito comprende tutti i corpi, ma anche tutte le menti e tutte le coscienze, tutte cose che posso osservare e studiare « dal di fuori », mentre i miei contenuti coscienti li posso solo esperire « dal di dentro ».

Il mondo comprende anche il mio corpo, che pure ha per me una posizione privilegiata, e non posso non ammettere che quello comprendeva il mio corpo e le sue attività anche quando io non avevo ancora una coscienza di me. Il mio corpo occupa, è inutile dirlo, un posto molto particolare in tale quadro. Appartiene al mondo, come tutti gli altri corpi, e può essere osservato, visitato e curato come tutti gli altri. Ha un cervello, una mente e una coscienza come tutti gli altri, ma la sua coscienza è... la mia. Che è un altro modo di dire che si tratta del mio corpo. Ma che cosa è il mio corpo?

La risposta più semplice e immediata è quella che afferma che il mio corpo è ciò che mette in comunicazione il mondo con il mio io, una soluzione tutt'altro che cervellotica, ma che cela alcuni problemi. Di che cosa consta infatti il mio corpo? Ovviamente di piedi, di gambe, di mani, di organi interni e di organi di senso, come tutti gli altri, e certamente del sistema nervoso che include il cervello. Appartiene quindi quasi tutto al mondo e ne segue le leggi.

Dove si trova allora il confine fra la sua parte appartenente al mondo e quella appartenente al mio io? Dal punto di vista materiale non ci dovrebbero essere dubbi: tutte le sue parti appartengono al mondo, come le parti di tutti gli altri corpi. Ma fra le cose che ho imparato c'è anche quella che io ho percezione diretta di alcuni suoi stati materiali, sono in contatto diretto con essi e in molte circostanze ne sono condizionato e influenzato, se non limitato, vincolato e quasi «costretto». L'insieme di alcuni particolari stati dei processi nervosi che hanno luogo nel mio corpo sono io.

Da qualche parte del mio corpo ci deve essere quindi il luogo del «salto», del passaggio, se passaggio c'è, fra il mondo e il mio io, fra tutto ciò che è materiale e la mia sensazione soggettiva. Per quanto faccia parte di me, non posso chiaramente individuare da solo questo confine presente in me, anche se posso fare approfondite osservazioni introspettive e tutta la mia vita è determinata dall'interazione fra me e il mio corpo, prima ancora che fra me e il mondo circostante. È negli altri che posso studiare il passaggio fra il corpo e quello che loro comunicano a proposito della loro coscienza, assumendo, ma non vedo come potrei farne a meno, che in loro funzioni tutto come in me, almeno dal punto di vista materiale.

In effetti è questo uno dei temi fondamentali di questo libro: in che rapporto con il corpo si trova lo stato di coscienza soggettivo, degli altri e a maggior ragione mio. Si tratta cioè di esplorare i limiti della coscienza ed eventualmente l'articolazione del suo centro nevralgico e della sua periferia: le stanze della coscienza.

Qui entra in ballo anche il rapporto della coscienza con se stessa, cioè il mio rapporto con me stesso, una caratteristica che si trova al nocciolo della natura stessa della coscienza:

essere coscienti dei suoi contenuti ed essere coscienti di esserne coscienti: « che sé in sé rigira ». E avere una continuità. La mia coscienza di questo momento non è la mia coscienza di ieri, né quella di un'ora fa. Perché è passato del tempo e perché posso essere stato in preda a stati d'animo diversi.

Il quadro di riferimento generale di questa problematica è rappresentato dalla memoria, dei fatti e dei concetti. Mi ricordo di certe cose e di essermele ricordate ieri. Parlando, posso poi verificare che certi ricordi li ho in comune con altri, così che devo supporre anche in loro una continuità di memoria.

Tutto o quasi ho quindi in comune con tutti gli altri, fuorché la percezione della mia coscienza, diretta e immediata per me e solo per me. Questo fatto è a mio avviso l'unico che sfugge a una prospettiva rigorosamente realista e che non è possibile far ricadere in essa. Le coscienze degli altri non hanno una posizione diversa da quella dei loro comportamenti, della loro fisiologia e delle parti dei loro corpi, e quindi ricadono nel novero delle cose del mondo, mentre la mia sì. Quello espresso qui è quindi un dualismo estremamente asimmetrico: io da una parte e tutto il resto dall'altra. Ovviamente se c'è un resto, perché io non posso mai contemplare niente se non attraverso me e la mia coscienza.

Occorre osservare che essere rigorosi su tali questioni è estremamente difficile, non fosse altro che per gli ostacoli posti dall'uso del linguaggio. Finché dico « io », tutti capiscono che sto parlando in prima persona e sto raccontando qualcosa di me, di come mi percepisco e mi vivo; sto indugiando, insomma, in una narrazione, anche se questa può essere molto articolata e approfondita. L'uso del linguaggio, non escluse neppure le esigenze stilistiche, mi costringe però a parlare del « mio io » quando voglio azzardare un'analisi più approfondita della mia individualità. È evidente però che appena dico « il mio io », parlo di qualcosa di cui si può parlare in terza persona, che può avere una sua esistenza e che ha certe proprietà. Diverse da io.

Il fatto è che nel quadro delle moderne neuroscienze non si trova alcuna struttura funzionale biologica che possa corrispondere a un ipotetico io, nemmeno in senso traslato, e ciò crea problemi serissimi per tutta la trattazione del soggetto. Al punto che si impone un'alternativa secca: o si nega l'io – con tutto quello che ciò significa – o si rifiutano gli argomenti portati dalle neuroscienze per mettere in discussione l'esistenza di un io e si fa dell'io stesso un'istanza superiore di sapore vagamente metafisico. Secondo me si può uscire abbastanza agevolmente da questa dicotomia, asserendo che io sono una cosa e il mio io un'altra, almeno al livello di un'analisi rigorosa. In fondo una cosa è dire: « Io sento freddo » e un'altra è dire: « Il mio io sente freddo ». Per evitare questi bizzarri giochi di parole, d'ora in poi non parlerò più del mio io, in terza persona, ma piuttosto del mio Sé. Dovrebbe essere così piuttosto chiaro che parlare di questo è molto diverso da dire « io ». Il mio Sé si può osservare e studiare, essenzialmente attraverso lo studio del Sé di tutti gli altri, mentre « io » sono solo ed esclusivamente io. E io solo posso sapere. È molto più facile, in sostanza, studiare il Sé, anche il mio, se io mi escludo e mi metto su un altro piano.

D'altra parte, che io esisto non v'è dubbio; negarlo sarebbe una contraddizione in termini, come già messo in luce da Cartesio qualche secolo fa. Io sono al di fuori dell'ambito di competenza dei giudizi di esistenza e di analizzabilità, che invece si adattano benissimo a tutto ciò che si può esprimere in terza persona, compreso il mio Sé. Si può parlare a lungo e con una certa competenza del Sé e anche del mio Sé, come se fosse il Sé di un'altra persona. Io non posso essere oggetto invece di un'analisi scientifica rigorosa. Tutto ciò in virtù e a supporto di quella estrema asimmetria di cui parlavo sopra.

Vediamo adesso che cosa posso dire su di me e sul mio mondo movendo da tale prospettiva, che tenta di coniugare il realismo con una posizione che potremmo definire, forse, una forma spinta di solipsismo. È bene avvertire che tutta la gran parte del libro parla dei processi mentali e dell'interiorità movendo dalla prospettiva del mondo, a prescindere dall'io, e quindi la sua impostazione non si discosterà da quella di molte altre trattazioni consimili. Io e la mia condizione unica rifaranno la loro comparsa soltanto nell'ultimo e conclusivo capitolo.

1

L'INVENZIONE DELLA MENTE

Io in terza persona

> Ma questa è quella libertà umana che tutti dicono di avere e che sta solo nel fatto che siamo coscienti del nostro desiderare, ma non conosciamo le cause dalle quali siamo determinati.
>
> Spinoza, *Lettere*

Mente e coscienza

Quando Cartesio dice « *Cogito ergo sum* » intende dire che il fatto che io pensi e sia nello stesso tempo consapevole di pensare mi garantisce della mia esistenza, una delle poche cose, credo, delle quali nessuno ha mai personalmente dubitato. Nessuno che sia esistito, ovviamente. E qui il ragionamento si chiude su se stesso, come del resto quasi qualsiasi ragionamento. Se esisto come uomo, ho un io; la percezione diretta del mio io mi garantisce a sua volta che esisto; e ne concludo che esisto. Su un piano generale da questo ragionamento circolare non si può umanamente uscire. Su un piano individuale, invece, posso ragionevolmente dire « So di pensare, quindi esisto ». Basta non dare un significato troppo impegnativo, generale e definitivo alla conclusione « Quindi esisto ».

A proposito di Cartesio, vorrei aprire subito una parentesi. Egli distingue, come è noto, una *res extensa*, materiale e concreta, da una *res cogitans*, immateriale e capace di pen-

Cartesio distinguere la materia, corpo, dall'essenza, mente.

sare. Devo confessare che non ho mai capito perché fra tutti gli attributi della materia egli abbia scelto proprio l'estensione, cioè la capacità, presumo, di occupare uno spazio. Forse perché la materia deve stare da qualche parte? Con il senno di oggi sceglierei piuttosto la sua capacità di essere divisa o suddivisa in parti più piccole: *res dividua*, per esempio, in contrapposizione a *res individua*, cioè indivisibile, che potrebbe essere la sua contropartita non materiale. Che cosa poi sia quest'ultima è un altro discorso. Chiusa parentesi.

Quando si afferma, perciò, che con Cartesio ha trovato un'esplicita formulazione l'idea di un dualismo essenziale mente-corpo, occorre tenere presente che il filosofo intende evidentemente riferirsi a un dualismo coscienza-corpo, anche se usa la parola mente e parla di una sostanza pensante e pensare non è, forse, solo avere coscienza. Anche se non è molto chiaro. Cartesio non è l'unico a usare la parola mente per indicare la coscienza e viceversa, e tutti noi lo facciamo spessissimo, direi quasi quotidianamente. D'altra parte per ciascuno di noi la coscienza è la porta della mente, anzi *è* la mente accostata dal di dentro. Occorre uscire da se stessi per percepire, prima negli altri e poi, volendo, anche in noi, l'esistenza di una mente, della quale la coscienza è solo una parte o, se si preferisce, uno stato o una funzione.

L'adozione di questo punto di vista ribalta completamente il rapporto fra noi e il mondo e apre la porta a uno studio rigoroso e scientifico del mondo, compreso il mondo della mente. La mente si può studiare come una attività, o un complesso di attività, del corpo, e la si può inscrivere nel grande capitolo della fisiologia, quindi della biologia. È quello che farò essenzialmente qui, tenendo però sempre d'occhio il fatto che la mente si può accostare anche in maniera completamente diversa, attraverso l'intro-

Mente: esaminata da biologia e psicologia

spezione, quindi dal di dentro. Anzi, è tanta la nostra consuetudine con la nostra mente che parlando si fa continuamente riferimento a realtà e attività che non sono affatto evidenti se si persegue solo uno studio della mente dall'esterno, ma che sono per ciascuno di noi quanto di più familiare si possa immaginare.

Il nostro vocabolario e il nostro repertorio di frasi sono ricchissimi di termini che rimandano a concetti che prendono origine dalla nostra visione interna delle cose della mente. È questa anzi una delle più grosse difficoltà poste allo studio scientifico della mente, e in particolare oggi alle neuroscienze: come tradurre, se di tradurre si può parlare, termini chiaramente « mentalistici » e di origine introspettiva che di obiettivo, per non dire di scientifico, non hanno niente, in un linguaggio più adatto a uno studio obiettivo. Oppure, se di tradurre non si può parlare, come fare per sostituire tale terminologia senza perdere di intelligibilità da una parte e di rigore naturalistico dall'altra. È certamente un problema fra i problemi; un problema che non si incontra in nessun'altra scienza.

Quello cui abbiamo appena accennato è un problema molto grave che si pone a chiunque voglia parlare seriamente di mente e di funzionamento del cervello. Non si può disconoscere d'altra parte che ci sono persone o istituzioni che traggono vantaggio dall'esistenza di un problema del genere e che insistono volontariamente a mantenere i termini poco definiti e più vaghi possibile, allo scopo, francamente indisponente, di dimostrare che certe cose non le potremo mai comprendere e che pertanto non vale nemmeno la pena di studiarle seriamente. Tanto, la verità loro la sanno già, la diffondono e la propagandano.

Può darsi che con il tempo arriveremo a persuaderci che lo studio della mente non può seguire i modi e i tempi di ogni altra ricerca di tipo naturalistico, ma per il momento ciò non è successo, e se una cosa dobbiamo concludere dagli ultimi decenni di ricerca neuroscientifica è che gli auspici sono assolutamente positivi: abbiamo capito più cose della mente negli ultimi tre o quattro decenni che in tutta la storia precedente delle indagini in merito. Certo, più si avanza, più il compito si fa arduo, ma questo è sempre accaduto nel passato per ogni tipo di indagine scientifica.

Chiediamoci allora che cos'è la mente e fino a che punto possiamo definirla o almeno circoscriverne l'ambito.

Mente

Parliamo spessissimo di mente intendendo genericamente con questo termine il complesso delle cose che avvengono nella nostra testa e delle quali possiamo avere tanto un'idea interna che una esterna. Talvolta questo complesso viene posto in collegamento con il cervello e la sua attività, mentre altrettanto spesso lo si collega a un'ipotetica attività del cuore, un organo che con tutto questo non ha assolutamente niente a che fare.

Non v'è dubbio che ci siano grandissime oscillazioni nell'uso quotidiano della parola mente, oscillazioni che costituiscono un serio impedimento a un'indagine puntigliosa sulla sua vera natura. In primo luogo, la parola può riferirsi a un'attività – o a una serie di attività – oppure ai risultati di tale attività. Il che, in termini fisiologici, sarebbe come confondere la digestione con i suoi prodotti.

Spesso usiamo la parola mente come sinonimo di psiche, oppure di capacità di ragionamento, se non di calcolo, oppure ancora di coscienza. Trattandosi di parole, e per giunta di uso comune, è possibile utilizzarle come si vuole e non si commette un grave peccato confondendole. Per un discorso rigoroso però questo non è accettabile ed è meglio definire i termini fin dalla loro prima comparsa.

Ma che cos'è la mente? La possiamo definire provvisoriamente come l'insieme delle attività del cervello, tutte o con qualche distinzione, ma anche come la potenzialità di compierle. In questa seconda accezione l'esistenza di una mente può essere solo ipotizzata, ma anche nella prima non mancano i problemi. Non è del tutto chiaro, per esempio, che cosa possa ricadere nella definizione: che cosa possiamo considerare cioè come un'attività del cervello e che cosa no.

Paradossalmente però l'uomo, tanto singolo quanto inserito in una società, ha avuto cognizione della mente molto prima che del cervello e qualcuno il cervello sa a mala pena che cosa sia. A parte circostanze eccezionali, non posso osservare né il mio cervello né quello degli altri, soprattutto da vivo, quando cioè è attivo. All'evidenza della mente invece siamo stati tutti progressivamente esposti e lo siamo quotidianamente. Quella degli altri e la nostra. Non è chiaro quale delle due idee sia nata prima. Da una parte, gli individui sono consapevoli del lavorio che ha luogo nella loro testa, lavorio che, in qualunque modo venga chiamato, resta una delle principali caratteristiche del loro modo di essere. Dall'altra, quasi sicuramente in base all'esperienza personale del proprio lavoro mentale, non ci sarà voluto molto tempo per rendersi conto che anche nella testa degli altri avviene qualcosa di analogo e che anche gli altri si comportano, e in particolare parlano, sulla base di una loro attività mentale interna: calcoli, strategie, finzioni o esibizione di conoscenze e di ricordi sono altrettante manifestazioni concrete e appariscenti di una certa attività mentale.

Non possiamo neppure ignorare il contributo che le neuroscienze hanno dato di recente alla nostra capacità innata di « intuire » la volontà degli altri e di immedesimarci almeno in parte in essi. La scoperta dei cosiddetti « neuroni specchio » e dei meccanismi a essi correlati è stata a questo proposito fondamentale. Tutti i mammiferi superiori possiedono nel loro cervello alcuni neuroni ad azione mista, percettiva e motoria, che si attivano quando noi compiamo un'azione specifica ma anche quando la vediamo compiere da un altro. Se io prendo un oggetto con due dita infatti si attivano nel mio cervello alcune cellule nervose che si attivano anche se vedo qualcuno compiere la stessa azione. È abbastanza chiaro quindi perché a questi neuroni è stato dato il nome di neuroni specchio o a specchio. Ci torneremo.

È anche certo che all'inizio non sarà stata molto chiara la differenza fra la mente di un animale e quella di un essere umano, anche per la nostra naturale tendenza a considerare esseri umani solo i membri della comunità o al massimo della popolazione alla quale si appartiene. L'animale che scappa, che si nasconde o che attacca, ha una strategia, fa calcoli e mostra una certa conoscenza dei luoghi che abita e delle abitudini degli altri animali: ha insomma un'attività mentale, più istintiva e meno elaborata della nostra, certo, ma sempre viva e sostenuta. Come indicano tutti i racconti mitologici e i riti totemici, si è a lungo esitato ad assegnare agli animali, a certi animali, uno status diverso da quello degli esseri umani, ma il comune uso del linguaggio e la somiglianza del comportamento di molti altri al nostro proprio comportamento ha fatto scattare in un determinato momento un meccanismo di proiezione sulla base del quale riteniamo che gli uomini abbiano un'attività mentale simile alla nostra.

Danze rituali, celebrazione di cerimonie e rappresentazioni sceniche hanno indirizzato il nostro pensiero verso il concetto di comunità di esseri umani e indotto prepotentemente la convinzione che ciò che passa per la loro testa, in bene o in male, sia simile a ciò che passa, e lo sappiamo bene, per la nostra.

Molto prima che si potesse intuire una qualche sua relazione col cervello, o addirittura con la testa, la mente e il suo potere dovevano essere ben presenti a tutti, anche se probabilmente non era del tutto chiaro il loro grado di autonomia da forze di diversa natura: Dio, diavolo, demone, anima, spirito, spiriti maligni o benigni, automatismi biologici e via discorrendo. Ancora oggi non è chiaro quanto libero sia effettivamente il nostro modo di riflettere e di pensare; è chiaro però che nei Paesi sviluppati si concede all'individuo una certa padronanza sulle sue attività mentali, sulla sua capacità di parlare, di reagire, di agire e di fare calcoli e gli si attribuisce per questo motivo un certo grado di responsabilità.

È soprattutto in questi ultimi secoli, nei quali si è tentato di reagire al fatalismo e alla superstizione, che si è data sempre più importanza all'attività mentale di ogni singolo individuo e si sono tributati onori e riconoscimenti ai risultati particolarmente brillanti di questa attività mentale in certi individui. Si è così venuta a creare una certa classificazione di attività mentali: quelle più banali e consuete – senza le quali si badi bene non si può vivere –, quelle meno ordinarie e più sorprendenti e infine quelle creative e innovative, che a volte possono anche essere definite geniali. Occorre però ammettere che è a queste ultime che si pensa più frequentemente quando si fa uso della parola mente.

All'interno di tale classificazione per così dire gerarchica è possibile distinguere queste attività mentali anche sulla base della loro natura, che può essere razionale o comunque volta a risolvere problemi, oppure più passionale e reattiva o una commistione delle due cose. In genere si usa la parola mente, psiche, animo o anima per indicare tutto questo, senza un maggior dettaglio. La parola mente è più spesso associata all'attività razionale e calcolatrice, mentre si preferisce associare animo e psiche all'insieme delle inclinazioni e delle avversioni e più in generale agli aspetti affettivi, se non passionali. Qualche anno fa i neuroscienziati cognitivi parlavano più propriamente di «mente computazionale» per indicare quella parte dell'attività mentale più affine all'elaborazione di un computer e che potremmo definire calcolatrice, inferenziale e logica, volta all'esecuzione di programmi e alla soluzione di problemi concreti, anche se sappiamo che la nostra mente non si comporta mai in tutto e per tutto come quella di un computer.

Una tale distinzione è al contempo utile e fuorviante. Ogniqualvolta ci si riferisce a un'attività più calcolatrice e razionale si può usare a preferenza il termine mente, e riservare la designazione di vita affettiva ed emotiva agli aspetti appunto più emotivi dell'attività del nostro sistema nervoso. È quello che farò ogni volta che potrò, ma è chiaro che questa distinzione è soltanto teorica. A ben guardare infatti non c'è attività razionale che non contenga una componente affettiva e non c'è componente affettiva che non contenga elementi conoscitivi e perfino logici. La distinzione appartiene a quel complesso di sforzi di chiarezza che il nostro linguaggio compie per poter parlare più appropriatamente della realtà, e come in quasi tutti i casi analoghi lo sforzo contiene più di un elemento di forzatura.

Cercherò quindi di usare la parola mente per la contemplazione degli aspetti più logici e calcolatori dell'attività cerebrale e riserverò, nei limiti del possibile, la parola emotività per gli aspetti meno logici e razionali. Approfittando anche di un fatto indubitabile: il grosso delle attività di ragionamento e di calcolo avvengono nel cervello vero e proprio, mentre molte sensazioni emotive si appoggiano anche ad altri componenti del sistema nervoso, e non solo. Ci sono infatti ghiandole nel nostro corpo e strutture a mezza via fra la ghiandola e il componente del sistema nervoso centrale che contribuiscono potentemente a generare e a elaborare l'affettività in generale e specifici stati emotivi in particolare.

Anche rimanendo nell'ambito dell'encefalo, l'organo che correntemente chiamiamo cervello, occorre distinguere una componente corticale e una subcorticale o precorticale. L'aggettivo corticale si riferisce chiaramente alla corteccia cerebrale, quella struttura molto ampia ma profonda solo due-tre millimetri che avvolge tutto il resto del cervello come una «federa» o un mantello. Nella nostra specie la corteccia si è tanto sviluppata da contenere dentro di sé l'intero cervello, mentre in animali anche molto vicini a noi non è che una componente del cervello stesso. Quando noi osserviamo un cervello umano vediamo di fatto solo la sua parte corticale e tutto il resto, che è enorme, non possiamo fare altro che immaginarcelo.

Ciò si è verificato per l'enorme espansione della corteccia vera e propria, via via che si procedeva lungo il cammino dell'evoluzione verso la nostra specie. Non potendo crescere in spessore, è cresciuta in larghezza: interamente spiegata, la nostra corteccia è una « tovaglia » di circa un metro per due. Riesce a stare dentro la nostra testa solo perché è molto pieghettata e raggrinzita, dando luogo a tutte quelle strutture cerebrali che sono dette circonvoluzioni, ma anche a veri e propri solchi, avvallamenti e rigonfiamenti.

Non è vero al cento per cento, ma possiamo dire che buona parte dell'attività comparativa e deduttiva della nostra attività mentale ha luogo nella corteccia, vale a dire in una o in un'altra regione della stessa. Ciò non accade necessariamente per altri aspetti della nostra vita mentale, e in particolare per gli aspetti più automatici o più emotivi, che trovano la loro sede in regioni cerebrali presenti sotto la corteccia, in quella grossa parte del cervello che la corteccia di fatto ricopre. Si parla collettivamente di parte subcorticale o precorticale del cervello per indicare tutte queste regioni, anche se la terminologia è assai imprecisa. Sotto la corteccia si trovano, infatti, strutture cerebrali differenti tra loro con funzioni molto diverse, dal controllo del movimento a quello del sonno, dalla regolazione del battito cardiaco a quello della vita emotiva.

Evolutivamente parlando, la corteccia cerebrale è l'ultima arrivata, mentre le altre strutture sono generalmente molto più antiche. Ci sono animali che di corteccia non ne hanno nemmeno un po' e animali che ne hanno poca poca: eppure vivono, anche molto bene, sembrerebbe. Questa è la dimostrazione di quante maniere diverse di vivere esistono e quante azioni si possano compiere senza ricorrere alle funzioni più propriamente intellettuali a noi tanto familiari. Dimostrazione questa, se ce ne fosse bisogno, di quanti aspetti diversi presenta il problema della mente. Forse non c'è niente di più articolato e multiforme della mente e prenderla in considerazione come se si trattasse di una cosa sola è certamente un compito ingrato, se non improbo.

A questo proposito, c'è da notare che qualche tempo fa era venuta di moda una visione della nostra attività mentale che prende il nome di «teoria dei tre cervelli». Secondo questa visione, nella nostra testa sarebbero racchiusi contemporaneamente tre tipi di cervello. Ci sarebbe un primo, più antico, cervello, o archicervello, corrispondente grossomodo a quello posseduto dai rettili, che assicura le funzioni vitali essenziali necessarie per sopravvivere, respirare, far battere il cuore e reagire alle sollecitazioni dirette dell'ambiente circostante. Ci sarebbe poi un secondo, più recente, cervello, o paleocervello, corrispondente a quello dei primi mammiferi, che sovrintende essenzialmente alla vita emotiva, ai comportamenti istintuali e agli appetiti. Ci sarebbe poi un terzo cervello, il cervello più recente o neocervello, come dire la corteccia cerebrale, soprattutto frontale, tipica dei primati superiori e dell'uomo, che svolgerebbe appunto funzioni di livello superiore, delle quali è più facile fare a meno, almeno dal punto di vista strettamente biologico.

Si tratta di una teoria da prendere con le molle e che di scientifico ha ben poco, ma l'idea fondamentale possiede una certa utilità, almeno sul piano didattico. In noi convivono almeno, sottolineo almeno, tre funzioni cerebrali diverse, perché durante la nostra evoluzione certe potenzialità non potevano essere perse – e infatti sono state mantenute – e altre sono state acquisite. In noi convivono quindi diversi cervelli – non necessariamente tre – che si dedicano ad attività diverse e che, se vogliamo, possiamo tipizzare in tre grandi istanze: quella vegetativa, quella appetitiva e quella decisamente più razionale.

È evidente che chi ha proposto questa teoria aveva ben presente la tripartizione delle funzioni dell'anima che ha attraversato tutta la storia della filosofia da Platone e Aristotele alla Tomistica. Secondo questa visione dentro di noi convivono essenzialmente tre anime o funzioni vitali: quella vegetativa, che avremmo in comune con gli esseri inferiori, quella animale o sensitiva o appetitiva o irascibile, e infine quella razionale o intellettiva, tipica soltanto della nostra specie. A proposito di quest'ultima si sono avuti diversi tipi di speculazione, che sono passati pari pari nella problematica moderna del cervello e della mente. Sull'anima razionale e la sua natura solo passiva o anche attiva si è scritto tantissimo e si è disputato ancora di più, e se ne può trovare menzione anche nell'opera di Dante.

Sia come sia, è possibile pure indicare, anche se in maniera necessariamente approssimativa, la sede delle tre funzioni cerebrali: l'attività fondamentale o vegetativa sarebbe legata alle funzioni del cervelletto e del cosiddetto tronco cerebrale – essenzialmente il mesencefalo e il midollo allungato; la funzione appetitiva ed emotiva sarebbe legata essenzialmente al cosiddetto sistema limbico; la funzione intellettiva, infine, è da ricondurre alla corteccia cerebrale che riveste i due emisferi.

Qual è il grado di autonomia di queste tre diverse attività nervose? Molto basso. Si tratta solo di una distinzione teorica, per quanto comoda. È d'altra parte ovvio che con lo sviluppo del cervello, dai vertebrati primitivi all'uomo, si sono avuti profondi rimaneggiamenti e vere e proprie ristrutturazioni. È solo un modo di dire, insomma, che la corteccia cerebrale si è andata ad assommare e sovrapporre al resto del cervello. Niente è rimasto invariato durante il processo evolutivo e tutto è stato riconnesso a formare circuiti e supercircuiti che hanno stabilito un enorme mole di nuovi contatti.

In particolare, l'avvento e la successiva espansione della corteccia ha obbligato a rivedere tutte le gerarchie: quasi niente avviene nel nostro cervello che riesca a sfuggire al controllo della corteccia, almeno in linea di principio. Per cui in noi le diverse attività devono sempre fare i conti con il controllo corticale, a eccezione, forse, delle funzioni più automatiche del tronco cerebrale, quali il controllo del respiro e del battito cardiaco. Siamo insomma animali intelligenti anche quando soffriamo o addirittura ci limitiamo a respirare.

Il che non vuol dire che in condizioni normali le diverse parti del cervello non compiano il loro proprio compito. Vuol dire che all'occorrenza, e talvolta magari con un certo sforzo, la corteccia può volontariamente o involontariamente interferire con molte di tali attività, per smorzarle, accrescerle o addirittura sopprimerle. L'esempio più semplice che si possa fare di tale fenomeno è dato dalla presa di confidenza con una grossa paura o un certo disgusto. Una persona può avere una paura forte per un serpente o per un salto nel vuoto. Questo la porterebbe a fuggire entrambi i tipi di occasioni, ma con la volontà, e una certa dose di autoconvincimento, può accarezzare un serpente o accettare di gettarsi nel vuoto, ovviamente a determinate condizioni. Un esempio estremo è dato da quei fachiri che con la forza della mente possono anche ridurre di molto il ritmo del loro battito cardiaco.

Vedremo altri esempi di interazioni del genere nel seguito, ma adesso accontentiamoci dell'immagine approssimata che abbiamo dato del funzionamento delle varie parti del cervello, aggiungendo che, al meglio delle nostre evidenze, i meccanismi nervosi implicati in tutte le attività sono essenzialmente gli stessi: diversi sono solamente i circuiti e i punti di inizio e di terminazione dei vari processi nervosi. E vediamoli, tali meccanismi.

Cellule e circuiti

Come tutti gli organi del nostro corpo, il cervello è fatto di cellule, gli elementi fondamentali di cui è composto ogni essere vivente. Le cellule tipiche del sistema nervoso sono dette neuroni, o semplicemente cellule nervose. Sono queste che nel loro complesso rendono possibile il funzionamento dei nervi, del sistema nervoso e del cervello, anche se va detto che nella nostra testa non ci sono solo neuroni. Vi si trovano anche tante altre cellule, molto più numerose dei neuroni stessi, che hanno il compito di nutrirli, proteggerli, rivestirli e isolarli. Non parleremo probabilmente più di questo altro tipo di cellule, dette collettivamente cellule della glia, ma non si può dimenticare che esistono e che operano quotidianamente, pena la morte cerebrale. Non ne parleremo più perché in un'esposizione essenziale delle attività del sistema nervoso, gli unici attori rilevanti e pertinenti sono i neuroni o, meglio, le catene di neuroni.

I neuroni non sono fatti per stare isolati, ma per comunicare qualcosa ad altre cellule, in genere neuroni esse stesse. Alcuni neuroni sono generatori autonomi di segnali, ma la vasta maggioranza di essi si limita a trasmettere un segnale che ha a sua volta ricevuto da un altro neurone. Il segnale nervoso non è che una debole onda elettrica che percorre il neurone e le sue appendici. Più che di un'onda si dovrebbe in verità parlare di un treno di impulsi elettrici abbastanza brevi – qualche millisecondo – che percorre sempre nella stessa direzione una o l'altra regione di un neurone. La velocità con cui procedono le onde elettriche può variare di molto ma la fenomenologia è sempre la stessa.

Tutta l'attività nervosa è basata su una trasmissione di segnali nervosi, da una cellula a un'altra, con una certa velocità e una certa frequenza. Chi pensava che dietro il pensiero, la memoria e anche la creatività si nascondesse chissà che cosa, è rimasto piuttosto deluso: non si tratta che di una selva – ordinata per dire la verità – di onde elettriche che si inseguono e si intersecano. Qualcuno si è arreso e ha accettato questa semplice verità; altri non si sono mai arresi e continuano anche oggi a ritenere che dietro ci sia chissà che cosa. È dubbio che lo troveranno, e pure che si potrebbero mai accorgere di averlo trovato, anche se lo trovassero.

Un neurone tipo si può pensare costituito di tre regioni, dal punto di vista strutturale e funzionale. Il corpo della cellula, quello che contiene il nucleo e gli organelli essenziali per la sopravvivenza, ha una forma simmetrica e rotondeggiante e prende il nome di soma o appunto di corpo cellulare. Costituisce la stazione di smistamento dei segnali nervosi e si comporta come un minuscolo computer che prende decisioni fondamentali: far passare o non far passare un segnale nervoso ricevuto e, nel caso, farlo passare potenziato o smorzato. A sua volta il soma ha due tipi diversi di prolungamenti: da una parte si trovano i dendriti – sottili, relativamente corti e ramificati – e dall'altra l'assone – unico, consistente e lungo, talvolta molto lungo.

Ogni neurone è una cellula polarizzata, ha cioè una direzione ben definita. Il segnale nervoso la percorre sempre in un'unica determinata direzione: dai dendriti al soma e da questo all'assone, fino alla sua estremità, che si può trovare anche a un metro di distanza dal soma stesso. I dendriti di un neurone ricevono un segnale nervoso dall'assone del neurone che lo precede nella catena neurale e lo passano al proprio soma. Questo lo esamina e ne decide il destino. Se il segnale deve ripartire verrà passato all'assone che lo trasferirà ai dendriti del neurone che segue nella catena oppure, secondo i casi, a un muscolo o a una ghiandola.

In quello che abbiamo detto fino a ora, gli elementi variabili sono tre. In primo luogo, il segnale che arriva al soma di un neurone può ripartire oppure no. Se riparte, riparte con una specifica forma, tipica di quel determinato neurone, oppure no. Si usa dire che la conduzione di un segnale nervoso è un fenomeno «tutto-o-nulla»: o parte o non parte, ma se parte la sua forma è obbligata e costante. Quello che può variare è semmai la frequenza con la quale i diversi impulsi viaggiano lungo l'assone. La frequenza degli impulsi rappresenta quindi la seconda variabile. La terza variabile infine è data dalla velocità con la quale l'impulso nervoso può viaggiare lungo l'assone del neurone in questione.

La velocità di un impulso nervoso lungo l'assone di un neurone può essere bassa, media o anche molto alta. Esistono assoni lenti e assoni veloci, e per la dinamica complessiva del sistema nervoso questo fatto ha molta importanza. In genere gli assoni veloci sono rivestiti di una sostanza bianca detta mielina che funge da isolante elettrico e che ne accelera la conduzione. Quando si forma, l'assone di ogni neurone è sempre nudo, cioè non rivestito. Il rivestimento viene dopo – dopo giorni, mesi o anni. Il motivo principale per il quale il sistema nervoso di un bambino è diverso da quello di un adulto è perché gli assoni dei suoi neuroni non sono ancora rivestiti di mielina o lo sono solo parzialmente. Il viaggio del segnale nervoso è quindi molto più lento e le varie parti del cervello sono così collegate molto più labilmente tra di loro che non nei periodi successivi.

A questo proposito è opportuno notare che spesso un

certo numero di assoni di specifici neuroni corrono paralleli, anche per tratti abbastanza lunghi, l'uno addossato all'altro e tutti avvolti da un unico rivestimento collettivo. Un fascio di assoni del genere viene di solito chiamato nervo e collega regioni diverse del corpo. Se si tratta di un fascio di assoni lenti si tratterà di un nervo a conduzione lenta, mentre se si tratta di un fascio di assoni veloci si tratterà di un nervo veloce, che conduce cioè velocemente gli impulsi che vi viaggiano. Molti dei nervi che connettono le dita della mano alla corteccia cerebrale sono assai veloci e questo è il motivo per cui un bravo pianista può muovere le dita anche molto velocemente e con grande precisione, producendo quei meravigliosi effetti che tutti conosciamo.

Esistono fasci più o meno cospicui di assoni anche all'interno del cervello. Qui non prendono il nome di nervi, ma costituiscono la cosiddetta sostanza bianca, bianca perché il rivestimento di mielina che li contraddistingue è bianco o, almeno, più bianco delle regioni che sono invece caratterizzate da un addensamento di corpi cellulari neuronali e che viene di solito definito sostanza grigia. All'interno del cervello, quindi, la sostanza grigia è caratterizzata dalla presenza di un gran numero di corpi cellulari, mentre la sostanza bianca definisce fasci più o meno cospicui di assoni. Possiamo considerare il cervello come una costellazione di nuclei di sostanza grigia collegati da tratti più o meno individuabili di sostanza bianca. Questo ha fatto sì che alcuni studiosi abbiano parlato del cervello, o più in generale di tutto il sistema nervoso, come di un complesso di centri nervosi e di vie nervose, un'immagine certamente molto suggestiva. Se guardiamo al livello delle singole cellule nervose, vediamo corpi cellulari neurali collegati tra di loro da assoni. Se guardiamo al livello superiore troviamo centri nervosi collegati tra di loro da vie nervose.

Resta un problema fondamentale: come fa il segnale nervoso a passare da un neurone all'altro?

Le sinapsi

Che cosa succede al segnale nervoso che sia giunto all'estremità dell'assone lungo il quale ha viaggiato? Qua deve succedere qualcosa perché non c'è più un «cavo» sul quale procedere più o meno comodamente. E infatti qualcosa cambia. Cambia la natura del segnale, che da elettrico diventa chimico, anzi microchimico.

Ogni assone termina con un certo numero di strutture microscopiche dalla forma di dischetti o bottoni, chiamati appunto bottoni sinaptici o direttamente sinapsi. Ogni dischetto si trova a piccolissima distanza da un analogo dischetto presente sul neurone che segue, in genere su un suo dendrite. Il primo dischetto si chiama presinaptico, il secondo postsinaptico. La distanza fra i due è misera – qualche decina di nanometri – ma sufficiente a far sì che i due neuroni non siano una continuazione l'uno dell'altro, ma siano effettivamente due cellule distinte, cosa che è stata definitivamente appurata solo verso la metà del secolo scorso grazie all'utilizzazione del microscopio elettronico.

Qualcosa deve dunque «saltare» da un dischetto all'altro, vale a dire da un neurone all'altro. Questo qualcosa è costituito da una nuvola di microvescicole contenenti specifiche molecole di sostanze chimiche dette neurotrasmettitori. Quando arriva al termine dell'assone il segnale elettrico, che come tale non può proseguire, stimola nel bottone presinaptico della corrispondente sinapsi la produzione di una o più microvescicole contenenti lo specifico neurotrasmettitore.

Le microvescicole portanti il neurotrasmettitore attraversano lo spazio sinaptico e arrivano sul bottone postsinaptico, dove risiedono minuscole strutture specifiche riceventi dette recettori.

I recettori sono estremamente specifici e riconoscono un solo tipo di neurotrasmettitore. Se il neurotrasmettitore che ha traversato lo spazio sinaptico è quello giusto, i recettori in questione lo legano e trasmettono alla propria cellula l'avvenuto riconoscimento del messaggio chimico in arrivo. La cellula ha così ricevuto il segnale che aveva viaggiato lungo il neurone precedente. Se il suo soma decide di far proseguire il segnale ricevuto, questo verrà ritrasformato in un segnale elettrico e comincerà a viaggiare lungo l'assone del nuovo neurone. E tutto può ricominciare.

Il segnale nervoso può così viaggiare lungo una catena di neuroni, a tratti come segnale elettrico e a tratti come messaggio chimico. Nei nervi del sistema nervoso le catene non sono molto lunghe: due-tre-quattro neuroni. Dentro il cervello invece le catene possono essere anche molto più lunghe: il segnale può passare da un neurone all'altro, girando e rigirando per le varie regioni del cervello. Va detto che la maggior parte dei neuroni del cervello, e soprattutto della corteccia, possiedono assoni molto corti e si trovano quindi molto vicini l'uno all'altro.

L'esistenza delle sinapsi introduce nei circuiti nervosi un altro elemento di possibile regolazione. Arrivato alla fine dell'assone di un neurone, il segnale deve traversare la sinapsi. Può farlo o non farlo, può farlo con maggiore o minore efficienza e soprattutto a volte sarà ricevuto dal neurone successivo e a volte no. Questo dipenderà dai recettori presenti sul bottone postsinaptico. Come dire che lo stesso segnale sarà ricevuto da alcuni neuroni e non ricevuto da altri.

Molto dipende quindi dalla dialettica neurotrasmettitore-recettore. In verità in questo dialogo esiste un terzo interlocutore, il neuromodulatore.

In alcune regioni del sistema nervoso centrale e quindi negli spazi sinaptici dei suoi neuroni esistono sostanze che non hanno un effetto immediato, nel senso che portano segnali da una parte all'altra, ma il cui ruolo è ugualmente importante. Facilitano con maggiore o minore intensità il passaggio dei diversi neurotrasmettitori attraverso gli spazi sinaptici e frenano quello di altri. La loro azione è indiretta e lenta, ma fondamentale. Il «clima neurale» di una data regione nervosa dipende molto dalla presenza o dall'assenza di questo o quel neuromodulatore. Questi non appartengono quindi direttamente a un circuito neurale, ma piuttosto controllano il traffico complessivo di segnali nervosi in una determinata regione.

A questo punto abbiamo detto quasi tutto della meccanica spicciola della propagazione del segnale nervoso. Resta solo da dire che i neurotrasmettitori sono almeno di due tipi: eccitatori o inibitori. Quelli del primo tipo predispongono il neurone di arrivo alla conduzione dei segnali, mentre quelli del secondo tipo ne addormentano la reattività. Occorre infatti considerare che un determinato neurone a valle non riceve in genere sinapsi da un solo neurone a monte, ma agisce come una sorta di integratore dei vari segnali che riceve. Il suo corpo cellulare mette in atto una sorta di attività algebrica, così che facendo la somma dei segnali positivi e negativi, cioè eccitatori e inibitori, che riceve può decidere sul da farsi, cioè sulla prosecuzione dell'azione nervosa e in quale forma ciò dovrà accadere.

In ogni istante il nostro sistema nervoso e il nostro cervello sono percorsi da segnali nervosi di tutti i tipi. Molti di essi corrono autonomi e indipendentemente gli uni dagli altri; altri si intersecano e si intrecciano. L'insieme di questi segnali che vanno e che vengono costituisce l'attività nervosa, cioè la mente. Probabilmente non c'è niente di più, anche se non lo possiamo dire con certezza.

Se il complesso della circolazione dei segnali nervosi nel nostro sistema nervoso è la mente, dove si nasconde la memoria e più in generale l'apprendimento? Con certezza non lo sa nessuno, ma nel mondo delle neuroscienze si ritiene generalmente che quello che mi è successo fino ad oggi e in particolare quello che ho appreso abbia forgiato l'architettura complessiva delle mie sinapsi. Queste ultime – che sono più o meno un milione di miliardi – non sono tutte fisse e immutabili, ma molte di esse cambiano di giorno in giorno, se non di ora in ora: alcune si allentano, altre si disfanno, altre si rinsaldano o si fanno ex novo, nel quadro di un lavorio incessante e di un continuo rimaneggiamento e rimescolamento.

Il grosso di quello che abbiamo appreso fino a questo momento si è risolto in una modificazione complessiva dell'architettura sinaptica del nostro sistema nervoso. Poiché la circolazione dei segnali nervosi è fortemente condizionata dalla geometria e dalla forza delle sinapsi implicate, ne deriva che il passato influenza più o meno direttamente il funzionamento spicciolo di tutto il sistema nervoso di un individuo. Il modo di circolare dei segnali nervosi di ieri non è quello di oggi e non sarà verosimilmente quello di domani. Anche il passato e la memoria si risolvono quindi nel funzionamento del sistema nervoso, per quanto strano tutto ciò possa suonare.

Distinguere gli aspetti più alati e astratti di questa attività da quelli più concreti e terra terra, appare quindi terribilmente difficile, anche se il nostro linguaggio ha introdotto molti termini diversi per indicare le diverse attività della mente, ad alcune delle quali siamo particolarmente attaccati, mentre tendiamo più o meno inconsapevolmente a sottovalutarne se non a disprezzarne altre.

Contenuti e informazione

Ma che cosa circola lungo gli assoni dei nostri neuroni? Che cos'è che gira e rigira nel nostro sistema nervoso e nella nostra testa sotto forma di segnale nervoso?

La risposta non è facile, ma tutto sommato univoca: informazione. Utilizzando poca energia e con l'intervento materiale di un certo numero di molecole, quello che gira per i nostri neuroni e tra i nostri neuroni è essenzialmente informazione. Che va dalla periferia al centro, dal centro di nuovo alla periferia e nelle diverse regioni del cervello. Informazione che fluisce da una parte all'altra e che serve al controllo delle varie funzioni del corpo.

Il concetto di informazione come parametro fisico fondamentale è relativamente nuovo. Nonostante sia stato introdotto ufficialmente più di cinquanta anni fa, questo concetto infatti non ha avuto un'agevole penetrazione nella cultura comune, se non dopo la diffusione capillare dei personal computer e dei microapparecchi di registrazione. Quasi tutto quello che riguarda i computer si misura in bit, in byte o suoi multipli, su su fino al terabyte (per ora). Tutte queste non sono che unità di misura della quantità di informazione. Sappiamo infatti con chiarezza che ogni computer tiene immagazzinata una certa quantità di informazione nelle sue diverse memorie e che la fa girare e la elabora nei suoi circuiti grazie ai programmi che vi girano. Il computer è quindi essenzialmente un elaboratore di informazione.

Non è certo facile immaginare qualcosa di molto diverso per il nostro sistema nervoso e il nostro cervello. Al di là di tutta la letteratura che si è fatta e si può fare a proposito dell'attività del cervello, non si può negare che la cifra fondamentale di quanto percorre i circuiti del nostro sistema nervoso o, meglio, del sistema nervoso di ogni animale, è l'informazione.

La vita stessa è primariamente una questione di informazione. Per avere un essere vivente occorre una certa quantità di materia: i nostri corpi lo dimostrano e a tutt'oggi non si hanno notizie di forme di vita immateriali. Occorre anche dell'energia. Mangiamo tutti i giorni per procurarcela e respiriamo per impiegarla nei processi biologici quotidiani. Ma, da sole, né la materia né l'energia sono in grado di caratterizzare univocamente gli esseri viventi. Questi sono essenzialmente informazione e gestione della stessa, a partire dal DNA – con la sua conservazione, la sua replicazione e la lettura del suo messaggio informazionale – fino al più minuto processo intracellulare, che deve seguire con estrema precisione un piano prestabilito.

Se la vita stessa è tutta una questione di conservare e gestire una certa quantità di informazione, attraverso l'esecuzione di una cascata di programmi, largamente prestabiliti ma enormemente adattabili, a maggior ragione quello che corre nei circuiti nervosi non può che essere informazione, dei più diversi tipi. Ciò è molto più facile da osservare all'origine e al punto terminale di ogni circuito.

Al termine del percorso, per esempio, arriverà quasi sempre un comando del tipo: fai questo, fai quello, non fare questo, non fare quello. Tale comando può essere impartito direttamente a uno o più muscoli, a una struttura ghiandolare o a un diverso circuito nervoso. Come effetto, quindi, di quello che gira lungo un circuito, ci sarà un ordine, un'istruzione o anche semplicemente un suggerimento, l'induzione di una preparazione o di una predisposizione.

Al posto della parola informazione, che ha comunque, come abbiamo visto, una sua precisa definizione scientifica, potremmo anche introdurre la parola comunicazione, molto più popolare nel mondo di oggi, anche se di definizione assai più incerta. La comunicazione ha sempre un contenuto di informazione, ma cambia il contorno: la comunicazione è informazione indirizzata a uno specifico ricevitore per ottenere, almeno in linea di principio, uno specifico risultato. Se vogliamo portare fino in fondo questo argomento, dobbiamo dire che non è chiaro se il messaggio nervoso che circola lungo un circuito è portatore solo di una certa quantità di informazione o se si tratta di un vero e proprio atto di comunicazione. Ho l'impressione che la risposta che si può dare a questa domanda dipenda molto dalle convinzioni di chi risponde.

Strettamente parlando, il passaggio di una certa quantità di informazione attraverso un neurone non ha alcun carattere di comunicazione. Questa può nascere forse se si considera l'insieme dei vari circuiti nervosi o il corpo nel suo complesso. Probabilmente il punto è tutto lì: a livello dei singoli componenti non si può parlare di comunicazione, mentre a livello più globale ciò è certamente possibile.

Una tale considerazione permette una riflessione di più ampio respiro. Noi viviamo a livello globale, al livello dei corpi e delle loro facoltà, e l'aspetto della comunicazione non ci sfugge. Anzi, i nostri tempi hanno fatto della comunicazione, a tutti i livelli, un caposaldo del mondo moderno. Da parte sua, la fisiologia, e più in generale lo studio dei meccanismi fondamentali della vita, ha chiarito la natura e la finalità di un gran numero di processi vitali. È perfettamente lecito quindi parlare di obiettivi da raggiungere, anche se inconsapevolmente, e di comunicazione. È anche ovvio che noi uomini si tenda a interpretare tutto nei termini di ciò che ci è più familiare e noto e che si propenda quindi per un'interpretazione funzionalistica e finalistica. Questo non significa però che tale interpretazione sia sempre giustificata. A volte lo è, a volte no. Nella maggior parte dei processi cellulari e subcellulari dobbiamo ammettere che un'interpretazione finalistica è raramente giustificata. L'aspetto di finalità e quindi di comunicazione appare solo a livello superiore.

Capita spesso di osservare qualcosa di simile, vale a dire che alcune entità non abbiano una certa proprietà a livello inferiore e che la acquisiscano a livello superiore. L'acqua, per esempio, è fatta di molecole di H_2O. Le sue singole molecole non sono né bagnate né trasparenti, mentre l'acqua lo è. Queste due proprietà sono dunque assenti al livello molecolare e presenti al livello di quantità minime ma apprezzabili di acqua liquida. Proprietà del genere sono dette emergenti, perché per così dire emergono quando si passa dai livelli inferiori di organizzazione a quelli superiori. Il nostro mondo è pieno di proprietà emergenti, per moltissime delle quali siamo portati a meravigliarci quando sentiamo dire che compaiono solo ai livelli superiori, ovvero che sono assenti a quelli inferiori e più fondamentali. Tra queste proprietà emergenti spiccano il perseguimento di uno scopo, l'intelligenza e la messa in atto di strategie e di tattiche, per non parlare che delle più pertinenti al discorso che stiamo facendo.

La maggior parte dei processi nervosi elementari ha luogo senza uno scopo preciso e quindi l'informazione convogliata non ha ancora il carattere della comunicazione. Questa constatazione inconfutabile lascia l'amaro in bocca a molti e suggerisce una domanda più che legittima. Se nervi e molecole non hanno una finalità chiara e uno scopo, com'è che le cose funzionano egregiamente, come se tutto fosse diligentemente pianificato e predisposto? Che cosa si nasconde, in altre parole, nell'intricata alchimia delle cellule e dei circuiti nervosi e che porta a raggiungere risultati egregi nonostante l'assenza di una qualsiasi consapevolezza, se non vogliamo parlare addirittura di progettualità?

Non si nasconde niente se non il fatto che il macchinario genico che sta dietro alle operazioni del sistema nervoso è da milioni di anni sotto il controllo della selezione naturale e di tutti gli altri meccanismi evolutivi. Se è vero che non c'è alcuna progettualità nelle componenti elementari dei processi nervosi, è anche vero che l'evoluzione tiene da tempo il tutto sotto diretto controllo. Se qualcosa non funziona, l'organismo in questione non sopravvive e soprattutto non si riproduce, preservando e perpetuando le reti genetiche sottostanti. Se queste sono andate avanti, invece, vuol dire che hanno fatto bene, anzi ottimamente, il loro compito.

Mi rendo perfettamente conto del fatto che un'impostazione concettuale del genere non è facile da accettare. Sarebbe così facile pensare che tutti i processi abbiano un'intrinseca finalità e un senso globale. Ma non è così. Direttamente, non sanno niente e non hanno alcun obiettivo. Indirettamente, sono controllati in modo che agiscano come se l'avessero. Si tratta di uno dei punti di vista più interessanti, ma allo stesso tempo più difficili da accettare, della moderna biologia.

Che si tratti di comunicazione o di informazione in fondo poco importa, ai fini del discorso che stiamo facendo. Possiamo cavarcela affermando che si tratta di informazione che può potenzialmente divenire comunicazione. In una maniera o nell'altra è alla fine di un percorso neurale che questa può essere più facilmente colta.

I sensi

Vediamo adesso che cosa succede all'origine dei circuiti nervosi, quando cioè l'informazione nervosa stessa si origina e inizia il suo cammino nel corpo. Stiamo parlando di quelle particolari terminazioni nervose che prendono il nome di terminazioni sensoriali o organi di senso. Parliamo cioè dei sensi e del loro funzionamento.

Qualunque cosa si possa pensare dell'informazione che viaggia, talvolta a velocità vertiginosa, nei circuiti nervosi, non c'è dubbio che deve essere attinta dal mondo esterno, ivi incluse le varie parti del nostro corpo, e questo può realizzarsi esclusivamente attraverso i sensi. Per sensi si intendono i cinque classici sensi esterni – vista, udito, tatto, olfatto e gusto – e i sensi interni. Per i sensi esterni si parla di *esterocezione*, mentre per i sensi interni si parla di *enterocezione* – quello che ci dicono, di bello e di brutto, i nostri visceri, dall'intestino alla vescica – e di *propriocezione* – l'informazione che ci arriva dallo stato momentaneo di tensione dei nostri muscoli.

Numerosissimi sono stati gli studi che hanno avuto come oggetto il funzionamento dei sensi, con la vista a farla di gran lunga da padrona. Possiamo anzi dire che lo studio della vista e del linguaggio sono i campi che ci hanno dato la mole più imponente di risultati nell'ambito delle neuroscienze, al punto che spesso si tende a prendere questi come buoni per il funzionamento dell'intero sistema nervoso, compiendo un'operazione di estrapolazione sicuramente arrischiata.

Non è possibile riassumere tali risultati, ma non è difficile enunciarne il messaggio fondamentale: i sensi non osservano passivamente il mondo circostante, ma lo interrogano, ponendo domande specifiche – programmate e codificate nel genoma di ogni individuo – alle quali possono essere date un numero ristretto di risposte appartenenti a un inventario definito. Questa è stata decisamente una sorpresa e ha richiesto anni per poter essere elaborata e accettata.

Anche se con il senno di poi non si può non rilevare che molte alternative non ci sono, il nostro clima culturale e una sorta di conoscenza spicciola universalmente diffusa ci hanno impedito per parecchio tempo di coglierne appieno il profondo significato. Il fatto è che, ci piaccia o meno, i meccanismi biologici sono in generale molto diversi da quanto ci verrebbe naturale pensare e talvolta talmente diversi da mettere a repentaglio la nostra capacità di accettarli e anche di comprenderli. Come del resto è successo nel secolo scorso per la grande fisica. Non c'è nessun motivo a priori di ritenere che se è stato difficile comprendere i meccanismi più riposti delle scienze fisiche, debba essere facile comprendere quelli delle scienze della vita. Come dimostra, tra l'altro, tutta l'impostazione evoluzionistica del modo di pensare gli oggetti biologici.

Due considerazioni di carattere generale sembrano opportune a proposito della tematica del particolare funzionamento dei sensi al quale abbiamo accennato e riguardano il suo vantaggio e il suo senso complessivo.

I vantaggi della codificazione sensoriale

Quello che si è trovato a proposito dell'azione dei sensi presenta un indubbio vantaggio. Per comprenderlo appieno dobbiamo fare riferimento all'elettronica e allo studio della trasmissione dell'informazione in generale. Non è la prima volta e non sarà l'ultima che ricorrerò al mondo dell'elettronica, e più in generale dell'artificiale, per comprendere meglio quanto avviene dentro di noi.

Per essere registrata e trasmessa, l'informazione va codificata, in genere su un supporto materiale diverso da quello nel quale si è originata. Per essere registrati e trasmessi, una canzone, una sinfonia o più semplicemente un discorso, devono essere codificati. Per esempio l'onda sonora corrispondente deve essere trasformata in un'onda elettrica o elettromagnetica, inclusa, oggi, un'onda luminosa. Tale codificazione può essere analogica o digitale. Si parla di codificazione analogica quando si cerca di riprodurre punto per punto nella maniera migliore possibile il profilo dell'onda di partenza. Questo è il sistema più naturale e il primo a essere stato usato nelle registrazioni e nelle trasmissioni. Si è però successivamente scoperto che questo non è il modo migliore di preservare con fedeltà il messaggio di partenza. Una maniera decisamente migliore è quella che prende il nome di codificazione digitale, oggi ormai universalmente usata.

In questo caso si trasforma radicalmente il profilo dell'onda di partenza in una raccolta e quindi in un insieme di dati numerici. Sono solo questi dati a essere registrati o trasmessi. Sulla base di questi viene poi ricostituita tutta l'onda di partenza, o una sua copia abbastanza fedele. L'elettronica e la teoria dell'informazione ci dicono che procedendo in questa maniera si è guadagnato molto in termini di fedeltà e di affidabilità. Non possiamo quindi non compiacerci della constatazione che l'informazione sensoriale viene codificata fin dal suo primo inizio in maniera digitale. L'informazione biologica è estremamente preziosa e va preservata. Non deve stupire che il corpo faccia di tutto per preservarla, da quella genetica contenuta nel genoma a quella che circola lungo i circuiti del sistema nervoso.

L'informazione catturata dai sensi si origina già in maniera codificata attraverso un meccanismo di codifica digitale estremamente efficiente e piuttosto selettivo, quasi drastico direi. I nostri sensi non sono interessati a tutto e a tutto allo stesso grado, ma nello stesso tempo non possono permettersi di perdere segnali vitali, anche se di bassissima intensità, e non possono indugiare a interpretare troppe sfumature.

In primo luogo non sono interessati a tutto. Questo lo sappiamo da tempo. Per esempio noi vediamo i raggi luminosi, ma non vediamo né i raggi ultravioletti né gli infrarossi. Ciò che noi chiamiamo luce non è che una porzione minuscola dello spettro delle onde elettromagnetiche, quelle che vanno da una certa frequenza a un'altra molto prossima: non vediamo quello che ci sta sopra, né quello che ci sta sotto, compresa l'intera gamma delle onde radio. Questa è certamente una limitazione, ma pensiamo che cosa succederebbe se così non fosse. Saremmo sommersi dagli stimoli visivi. In particolare oggi che abbiamo l'aria piena di onde radio di tutti i tipi, ogni ambiente, ogni stanza ci parrebbero una selva di figure materiali quasi impenetrabile!

Molti animali vedono le radiazioni luminose più o meno come noi, ma alcuni – farfalle e api per esempio – vedono anche una parte dell'ultravioletto. A loro il mondo appare leggermente diverso che a noi, e per loro è naturale così.

Noi non sentiamo neppure tutti i suoni possibili: quelli troppo acuti, gli ultrasuoni, e quelli troppo bassi, gli infrasuoni, non siamo in grado di sentirli, mentre i pipistrelli, per esempio, sentono gli ultrasuoni e tutta la loro attenzione è focalizzata su alcune loro frequenze. Un pipistrello emette ultrasuoni e li riceve, aiutandosi con questo trucco a orientarsi nel buio e a catturare le sue minuscole prede. Per questi animali tale senso è di vitale importanza: non potrebbero «capire» il mondo senza di quello, mentre noi possiamo benissimo farne a meno.

Oltre al tipo di stimoli che colpiscono i sensi, occorre anche considerare la loro intensità. Noi sentiamo suoni di una certa intensità – un po' diversa in verità da individuo a individuo – mentre altri animali, anche a noi vicini, hanno una sensibilità diversa: sono colpiti da suoni di minore intensità oppure solo da quelli di notevole intensità. Ancora più evidente è la differenza di intensità che ci può essere tra gli stimoli olfattivi che sono percepibili da animali diversi. Un cane, per esempio, ma non solo, ha la facoltà di rilevare stimoli odoriferi per noi assolutamente trascurabili, e lo fa con grande precisione. Il suo comportamento ci rivela spesso quanto più «stimolante» può essere l'ambente per lui, e quanto più ricco di segnali e richiami.

Esistono infine tipi di stimoli per noi inimmaginabili. Il pesce elettrico o l'ornitorinco percepiscono la presenza di un campo elettrico con tutte le sue varianti, mentre noi abbiamo dovuto attendere la fine del XVIII secolo per renderci conto dell'esistenza stessa dell'elettricità. Per non parlare, infine, della zecca, un parassita degli animali a sangue caldo, che è in grado di rilevarne la presenza grazie alla sua estrema sensibilità all'acido butirrico. Quando è «in caccia», questo parassita valuta in continuazione la concentrazione locale di tale acido: laddove è molto alta è probabile che si trovi un mammifero di una certa taglia, cioè un potenziale ospite.

Tra tutte le possibili sollecitazioni di natura chimica e fisica, quindi, solo alcune costituiscono uno «stimolo sensoriale» per un determinato individuo appartenente a una determinata specie. Tutto il resto passa completamente inosservato: non costituisce cioè uno stimolo. Chi decide che cosa è uno stimolo e che cosa non lo è? In altre parole, dove sta scritto che cosa sono in grado di catturare le nostre terminazioni nervose sensoriali e che cosa no? Ovviamente nel genoma di ogni individuo. Specie per specie e, entro certi limiti, individuo per individuo, è il genoma che imposta il discorso sensoriale, al livello di ciò che passa e di ciò che non passa – per esempio per noi solo le radiazioni luminose, mentre per le api anche quelle ultraviolette – ma anche al livello di come esattamente sono poste le diverse domande.

Anche all'interno infatti di ciò che può materialmente costituire uno stimolo sensoriale, i nostri sensi non sono interessati a tutto allo stesso grado, ma pongono domande specifiche che aspettano risposte piuttosto specifiche. Nella retina di un ranocchio esiste per esempio un gruppo di cellule che «rispondono», cioè emettono un segnale nervoso, solo alla vista di un moscone, che sia vivo e in movimento. Niente altro è per loro uno stimolo; qualsiasi altra cosa le lascia indifferenti. Possiamo dire che queste cellule sono interessate esclusivamente alla risposta alla domanda «C'è un moscone vivo nel mio campo visivo?»

Su un piano leggermente diverso, nella nostra corteccia visiva primaria c'è un gruppo di cellule che rispondono soltanto alla vista di una linea verticale: tutto il resto non le interessa, le lascia completamente indifferenti. Ovviamente esiste poi un altro gruppo che reagisce solo alla vista di una linea orizzontale; anche in questo caso tali cellule rispondono a un unico stimolo, molto specifico. Esistono nella nostra corteccia visiva primaria anche altri gruppi «monotematici» di cellule: quelle che reagiscono alla presenza di linee oblique aventi una certa angolazione, altre che reagiscono a linee molto inclinate, altre che « vedono » solamente linee ancora più inclinate e via discorrendo. Né è diversa la situazione per le sfumature di colore o per i chiaroscuri: diversi tipi di cellule nervose della corteccia visiva rispondono solo a specifici particolari della scena visiva che ci si presenta davanti agli occhi. Quando noi vediamo un qualsiasi spettacolo naturale o artificiale, la sua vista nasce dalla composizione e dalla miscelazione di innumerevoli stimoli visivi settoriali e specifici, elaborati da gruppi diversi di cellule visive, che vengono fusi dalla corteccia cerebrale stessa in un unico spettacolo, che a noi appare senza discontinuità e senza smagliature.

Il caso più clamoroso di « segmentazione » sensoriale degli stimoli provenienti dal mondo esterno è rappresentato probabilmente dal senso del gusto. Ogni sapore esistente, o che sappiamo anche solo immaginare, viene percepito come composto di solo quattro sapori diversi: il dolce, il salato, l'amaro e l'acidulo. A ogni sensazione del palato corrisponde una valutazione della sensazione percepita secondo questi quattro assi: tanto di dolce, tanto di amaro, tanto di salato e tanto di acidulo. In questa maniera si riesce ad apprezzare, a valutare e talvolta a riconoscere l'intera gamma di sapori da noi percepibili. Senza gravi difetti, almeno a noi così pare. Il motivo di questa frammentazione e di questa classificazione lungo quattro assi è molto semplice: possediamo soltanto quattro tipi diversi di recettori chimici nelle nostre papille gustative e di conseguenza la classificazione non può essere fatta con nessun'altra modalità. Combinando i segnali che derivano dai quattro tipi di recettori si ha la sensazione di un sapore, più o meno definito, ma anch'esso senza discontinuità o smagliature.

Lo stesso discorso è applicabile più o meno a tutte le articolazioni dei sensi: tutto ciò che noi percepiamo come un'immagine complessiva e « ragionevole » è in realtà composto di una miriade di piccole sensazioni, distinte e individualmente esperite a livello dei recettori sensoriali periferici, che si complementano tra di loro e infine si fondono per comporre l'immagine stessa.

Ma come mai noi non ce ne accorgiamo? Quello che noi percepiamo non è il prodotto immediato del ricevimento dei vari stimoli da parte dei diversi recettori sensoriali, ma un'elaborazione di tutto questo compiuta dalla corteccia cerebrale, che è un po' « la grande imbrogliona ». Questa ci fornisce appunto un'immagine completa, continua, facilmente interpretabile e si direbbe quasi razionale di quanto stiamo osservando, immagine messa insieme utilizzando in misura appropriata quanto viene trasmesso dai sensi singoli. Nel far questo, la corteccia riempie i vuoti, ricuce gli strappi, smussa le asperità e appiana tutto, in modo che sia da noi ricevibile e fruibile. Lo fa con tale continuità e tale velocità che noi non ci accorgiamo di niente.

Esattamente come quando assistiamo a uno spettacolo cinematografico e seguiamo con passione e partecipazione le diverse scene che ci si presentano, pur sapendo che tutto questo è ottenuto facendo passare alla dovuta velocità un certo numero di fotogrammi fissi. Noi non percepiamo i singoli fotogrammi, ma il movimento continuo degli attori e degli sfondi contro i quali quelli si muovono. Tutto ciò è opera della nostra corteccia cerebrale.

Quella appena fatta è in realtà qualcosa di più di un'analogia, soprattutto per quanto riguarda la visione. Noi non vediamo infatti con continuità, ma a sprazzi, a causa dei cosiddetti movimenti saccadici, o saccadi. I nostri occhi non stanno mai fermi. Si muovono in continuazione per esplorare la scena che stiamo osservando e coglierne gli elementi essenziali. Se vogliamo guardare in una specifica direzione per osservare un particolare rilevante possiamo girare la testa o semplicemente dirigervi lo sguardo. In ogni altro caso ci sembra di tenere lo sguardo fisso davanti a noi, ma non è così. A nostra insaputa, gli occhi scandagliano il campo visivo che abbiamo davanti, compiendo tantissimi piccoli spostamenti semicasuali intervallati da brevi periodi di stasi. Questi periodi di stasi sono detti fissazioni e durano 200-250 millisecondi, praticamente un quarto di secondo, mentre i rapidi spostamenti concertati dei due occhi sono detti saccadi e durano 20-50 millisecondi. Durante ogni movimento saccadico, i due occhi si spostano molto rapidamente percorrendo archi di diversi gradi a una velocità angolare che può raggiungere i 700-800 gradi al secondo.

Il nostro sguardo, insomma, « pennella » la scena che si trova davanti a noi con un susseguirsi di rapidi spostamenti intervallati da brevi soste. Tale esplorazione segue un andamento abbastanza regolare e prefissato. In presenza di un volto, ad esempio, i nostri occhi vanno ripetutamente da un occhio all'altro del volto che ci sta di fronte, scendono alla bocca e al naso per ritornare più e più volte sugli occhi, soffermandosi solo occasionalmente sulla fronte e sulle guance. Ebbene, noi vediamo effettivamente solo durante le soste del nostro sguardo, mentre nel corso dei rapidi spostamenti oculari la visione è momentaneamente sospesa. È compito della corteccia cerebrale ricucire il tutto e farcelo sembrare continuo, quieto e senza salti.

Durante i rapidissimi spostamenti oculari siamo praticamente ciechi; non possiamo vedere. (Il che significa poi che siamo ciechi per un decimo circa della nostra vita da svegli: una frazione enorme del nostro tempo.) Nessuna traccia resta in noi di tutto ciò. La nostra quindi è una visione continuamente interrotta, una serie di « lampi » visivi che si alternano con brevi episodi di cecità, così che ovviamente quello che vediamo non è inventato, ma ricucito e ricostruito in continuazione. Per vedere occorre che qualcuno o qualcosa metta continuamente ordine nelle nostre percezioni visive immediate e si inventi una continuità. Continuità che deve essere in ogni caso assicurata anche al di là e al di sopra delle singole « impressioni » visive vissute da gruppi diversi di neuroni della nostra corteccia visiva primaria.

L'artefice di tutto questo è ovviamente la corteccia cerebrale, probabilmente nel suo complesso. In fondo il problema della percezione è tutto qui. Come riesca il nostro cervello, e più precisamente la nostra corteccia cerebrale, a darci un'immagine unica e continua del mondo circostante a partire da una molteplicità di segnali che arrivano dalla periferia – ciascuno con un suo piccolo, specifico contributo, ma senza un'apparente connessione con gli altri – non ci è noto e rappresenta ancora oggi un formidabile oggetto di studio.

Su questo cruciale processo integrativo sappiamo poco, ma qualcosa sappiamo. Sappiamo intanto che non è istantaneo, ma richiede tempo, diverse decine di millesimi di secondo. Evidentemente occorre tempo per annodare le fila di tutti i dati in arrivo e occorre tempo per estrarne un quadro generale che abbia un senso. Ciascun segnale nervoso in entrata dovrà verosimilmente essere messo in relazione con ciascun altro, magari di natura piuttosto diversa, in un processo di va e vieni che investe una parte considerevole della corteccia stessa. Per quanto riguarda la visione si sa ad esempio che l'immagine della stessa scena si forma e si riforma diverse volte nella corteccia visiva, con modalità differenti e investendo aree visive diverse e spazialmente distinte.

La prima, primissima immagine si forma nell'area visiva primaria, detta anche area V1. Esistono però altre aree visive limitrofe – V2, V3, V4, V5... – in ciascuna delle quali si forma una nuova immagine, ovviamente diversa dalla prima. Non si può «vedere» senza il concorso e la confluenza delle differenti rappresentazioni nelle diverse aree. È solo dal «dialogo», serrato dialogo, di queste aree e delle rappresentazioni della stessa scena che esse contengono, che può venirci l'immagine visiva definitiva della scena stessa.

Per compiere tutto questo immane lavoro ci vuole tempo e una perfetta organizzazione interna, organizzazione che qualche volta salta, lasciandosi osservare scomposta nelle sue diverse fasi e nella sua progressione. Facendo tesoro infatti di vari tipi di disturbi nervosi e mentali, generati da incidenti di vario tipo o semplicemente dall'invecchiamento, si è potuto gettare uno sguardo, ancora parziale e sfuocato, in questa sottile meccanica percettiva.

Gli obiettivi della funzione percettiva

Abbiamo dunque visto il sorprendente e originale meccanismo di funzionamento dei nostri sensi e il vantaggio che ci deriva dalla sua discretizzazione e codificazione. Ma dobbiamo adesso chiederci qual è il senso di tutto questo. Che cosa vogliamo sapere del mondo che ci circonda? O, per meglio dire, che cosa vogliono sapere i nostri sensi del mondo? Per raggiungere quale obiettivo si sono così efficientemente e sapientemente organizzati?

Contrariamente a quello che siamo portati a credere, i sensi non hanno un intento contemplativo: non sono curiosi di sapere come è fatto il mondo, né desiderosi di indulgere in osservazioni inutili. Anche se questo a noi può accadere, e magari non una sola volta, lo scopo originario dei sensi è quello di farci rendere conto di quanto succede nel mondo circostante con l'unica finalità di organizzare un comportamento che tenga conto di tale osservazione e che sia congruente con essa. Le domande dei sensi sono insomma tutte finalizzate all'azione, cioè alla messa in atto di comportamenti. Non c'è niente di gratuito e di fortuito in esse, almeno nelle intenzioni originarie.

I sensi, dalla vista al tatto, sono lì per metterci in contatto con il mondo e farci comportare di conseguenza. Questa osservazione può spiegare tante cose, dal ristretto ambito degli stimoli percepiti al «pragmatismo» del loro trattamento, dal bisogno di «sentire» presto piuttosto che con precisione, quando velocità e precisione fossero in conflitto, all'esigenza di rilevare piuttosto i cambiamenti che le persistenze.

La nostra percezione si basa essenzialmente sulla rilevazione delle differenze e dei mutamenti. L'osservazione prolungata di una parete bianca illuminata in maniera uniforme e costante è faticosa e tende a deconcentrare. I nostri occhi, così come gli altri sensi, sono alla ricerca di contrasti e di differenze. Il massimo è costituito in un certo senso dalla scrittura che consiste nella disposizione di segni neri su fondo bianco; di questo i nostri occhi sono capaci di distinguere e di registrare ogni particolare. Raramente l'osservazione delle cose della natura è così. Ci sono molte più sfumature, di forma e di colore, e più chiaroscuri. Ma l'occhio cerca le differenze e le comunica la cervello. Davanti ad una scena uniforme finisce per non comunicare niente: non c'è niente da segnalare. Esistono quindi meccanismi fisiologici che tendono ad amplificare le differenze e gli scarti, a danno dell'uniformità e delle mezze tinte. Per fare un esempio, quando alcuni dei fotorecettori della retina ricevono un segnale luminoso, i fotorecettori confinanti si «chiamano fuori», si mettono cioè spontaneamente a tacere in modo da non « fare ombra » alle operazioni di quelli che si sono invece attivati.

Sempre in questa vena, si tende a privilegiare il cambiamento, e in particolare il movimento che è il cambiamento per eccellenza. Per un animale le entità più interessanti sono gli altri animali – predatori, prede, alleati, partner sessuali o semplicemente consimili – e la caratteristica fondamentale degli esseri viventi è che questi si muovono, perché sono in genere capaci di movimento autonomo. La rilevazione e la definizione di qualcosa che si muove riveste quindi una particolare importanza per tutti gli animali e per i loro sensi.

Esiste un'intera regione della corteccia visiva, l'area V5, dedicata al rilevamento e all'elaborazione del movimento all'interno di una scena visiva. Si tratta di rilevare il movimento in sé e per sé, indipendentemente dalla visione di ciò che si muove! Abbiamo visto che la scena stessa viene esaminata e riesaminata più volte all'interno della corteccia visiva, per coglierne le diverse componenti di colore, di forma, di movimento e via discorrendo. Non è senza significato che tra questi componenti ci sia anche il movimento, come se questo fosse una realtà intrinseca e a sé stante di ciò che noi siamo in grado di vedere. D'altra parte la porzione più esterna della nostra retina, la cosiddetta « coda dell'occhio », è particolarmente sensibile agli oggetti in movimento, molto più che ai dettagli dell'oggetto stesso.

È da notare infine che le cellule nervose cosiddette gangliari, che sono quelle che portano materialmente al cervello il segnale visivo raccolto sulla retina, sono concepite in modo da rilevare immediatamente un cambiamento di luminosità nella scena visiva, come accade quando si accende una luce in una stanza buia o, al contrario, si spegne la luce in una stanza precedentemente illuminata. Nello stato di natura non si accendono o si spengono luci, ma può capitare che ciò che si sta guardando passi improvvisamente dal buio alla luce o viceversa. Questo cambiamento di luminosità, che può accompagnare ad esempio l'innalzamento o l'abbassamento di una fronda o il profilarsi di un'ombra minacciosa, viene immediatamente percepito dalla nostra retina, particolarmente sensibile, ripetiamo, ai « cambiamenti di scena » di ogni tipo.

Anche qua potrà non piacere che la nostra osservazione del mondo non sia puramente « accademica », se non contemplativa, ma è così. Almeno nelle intenzioni originarie, non c'è percezione che non sia finalizzata all'azione, non c'è rilevamento di stimolo che non sia di falsariga e suggerimento per un comportamento, perché gli esseri viventi non sono qui per godersi la vita, ma per cercare di sopravvivere e riprodursi al meglio nell'ambiente nel quale si sono trovati a vivere. E per fare questo hanno bisogno di rendersi conto di ciò che avviene intorno a loro, per poi decidere se adottare di volta in volta un comportamento piuttosto che un altro.

Non possiamo però non stupirci di dove ci ha portato tutto questo. Appoggiandoci su queste facoltà sensoriali concepite opportunisticamente e nella maniera più finalizzata possibile all'azione e quindi alla sopravvivenza in un mondo pieno di sfide e di opportunità estremamente concrete, noi uomini siamo riusciti a creare grandiose opere d'arte che sfruttano più o meno tutte le nostre facoltà sensoriali e a « vedere » dettagli assolutamente invisibili del mondo stesso. Con gli occhi della fronte e con quelli della mente siamo riusciti a vedere l'infinitamente piccolo e l'infinitamente grande, il mondo delle cellule e delle particelle subatomiche da una parte e quello delle stelle e galassie dall'altra, in un crescendo di virtuosismi che non sappiamo dove ci potrà portare. Certo molto al di là della semplice sopravvivenza.

Oltre i sensi

Naturalmente non bastano i sensi per centrare tutti questi obiettivi. Occorre anche fare tesoro delle esperienze precedenti. È necessario perciò memorizzare ciò che si apprende, confrontarlo con ciò che si è appreso in precedenza e trarre da tutto questo eventuali conseguenze teoriche e/o determinare una condotta da tenere. Queste sono le operazioni fondamentali che si svolgono nella nostra testa, anche se a noi pare che accadano cose molto diverse. Abbiamo appena visto che dobbiamo percepire per agire, anche se il tragitto mentale fra queste due operazioni può essere molto lungo e richiedere una considerevole quantità di tempo.

Ciascuna delle operazioni che abbiamo ricordato – percezione, memoria, ragionamento e pianificazione dell'azione, cui possiamo aggiungere l'immaginazione e la previsione – viene di solito attribuita all'azione della mente, la quale si ritiene operare al di là e al di sopra del cervello, anche se dove questa sarebbe localizzata e come agirebbe non lo dice nessuno. La nostra facoltà più importante, quella della quale andiamo tanto fieri, non avrebbe in questa ottica né una localizzazione materiale né una descrizione di come abbia luogo. Una situazione paradossale, ma perfettamente tollerata, se non difesa e vantata, dai più.

All'uomo piace – da secoli – ritenere di avere un corpo abitato da un'entità preternaturale, se non sovrannaturale, non meglio definita, che compie le operazioni mentali. Non sempre, si badi bene, questa entità viene identificata con l'anima, l'entità sovrannaturale per eccellenza. Anche gente che non crede all'esistenza dell'anima e che si guarda bene dal postularla, è poi convinta che la mente, della quale possiamo verificare continuamente e quotidianamente l'operato, sia qualcosa di più terreno, ma sempre immateriale e non localizzato. Se aggiungiamo che anche ai sentimenti e più in generale alla vita affettiva non si vuole o non si può dare una localizzazione e l'identificazione con strutture biologiche specifiche e che a tutto questo la psicanalisi ha aggiunto anche altre entità astratte come l'Inconscio e l'Io, si vede come nell'immaginario corrente il nostro corpo sia abitato da una miriade di entità immateriali che fanno di ciascuno di noi un campo di battaglia, in linea con l'immagine greca classica delle vicende umane come risultanza di immani scontri tra divinità in conflitto. Divinità, è inutile dirlo, capricciose e dispettose.

La mente è un po' il duplicato secolare dell'anima e il duplicato oggettivo dell'io e della mia coscienza, nonché un'entità astratta sovraordinata al nostro cervello e alle sue funzioni. La sua esistenza viene raramente messa in dubbio ma altrettanto raramente analizzata nel dettaglio. È una sorte di Demiurgo platonico delle attività cerebrali e viene soprattutto invocata ogni volta che si tratta di descrivere la nostra specificità, in contrapposizione agli animali o ai computer, anche se è difficile negare l'esistenza di una mente, qualunque cosa questo voglia dire, nella maggior parte degli animali a noi noti e distinguere l'attività della nostra mente dall'insieme delle operazioni compiute quotidianamente da un calcolatore richiede notevoli virtuosismi argomentativi.

La mente è un po' un duplicato secolare dell'anima, si è detto. Negli ultimi due o tre secoli ci si è progressivamente allontanati da una visione puramente religiosa della realtà, in un processo che è stato definito di progressiva secolarizzazione. Sono pochi oggi, anche se certamente ce ne sono, quelli che sostengono che in noi è presente un'anima di natura trascendente e divina. Questa era invece una convinzione assai diffusa in passato e risalente almeno al pensiero greco, come abbiamo visto sopra. Alla nascita o poco dopo il concepimento, in ogni essere umano veniva infusa da Dio un'istanza superiore che ci guidava in tutte le nostre funzioni e azioni, da quelle necessarie alla sopravvivenza a quelle cognitive e intellettive: l'anima appunto.

L'espletamento dell'attività intellettiva da parte dell'anima immortale ha sollevato non pochi problemi filosofici, con i quali si sono misurati gli ingegni più fini, ma ciò non ha intaccato l'opinione della maggior parte della gente che credeva, con maggiore o minore convinzione, nell'esistenza dell'anima e nella sua superiore attività. Si è disputato a suo tempo sul momento esatto nel quale l'anima si congiungeva al corpo e su quali creature avessero un'anima e quali no, ma c'era una convinzione generale piuttosto diffusa che questa espletasse la maggior parte delle funzioni superiori del nostro cervello e della nostra mente. Molti hanno oggi abbandonato l'idea di un'anima immortale di natura divina che visiti temporaneamente il nostro corpo. La stragrande maggioranza delle persone, anche di cultura, ha finito però per spostare sulla mente molti degli attributi dell'idea di anima.

Sono pochi infatti quelli che ritengono il cervello più che sufficiente a espletare le funzioni cognitive e più in generale intellettive tipiche della nostra specie. Si sente dire spesso che c'è qualcosa in più, qualcosa che gli animali e i calcolatori non hanno. Molti di coloro che condividono questa convinzione conoscono benissimo le aree e i circuiti del nostro cervello e sono spesso al corrente della scoperta di alcuni dei loro meccanismi di funzionamento. Sanno anche che senza cervello non si può pensare e che il cervello deve essere il più possibile intatto per poter espletare le sue funzioni, ma ciò non gli basta. Non se la sentono di sostenere che le funzioni superiori sono solo opera del cervello. Ci deve per forza essere qualcosa di più, un'entità superiore che si appoggia sull'attività del cervello, ma non si esaurisce lì. Lo si concepisce come un principio con funzioni equivalenti a quelle dell'anima, di natura non necessariamente divina, ma certamente sovrannaturale o, almeno, sovramateriale.

Nel nostro Paese in particolare la stragrande maggioranza delle persone ha questa ferma convinzione, indipendentemente dal fatto che si professino laiche e che abbiano magari anche qualche nozione scientifica. Ho visto e sentito spesso personalmente tanti individui ribellarsi violentemente a una affermazione contraria, a una cioè che identifichi la mente con il cervello e la sua attività. Non è possibile, si sente dire, ci deve essere qualcosa di più. Guai però a chiedere di dettagliare e di specificare: è evidente che è così, punto e basta. Quello che non è poi sempre chiaro è se quel qualcosa di più ce l'abbiamo solo noi o ce l'hanno anche molti animali. Perché se si nega che certe attività cerebrali possano ridursi a cellule, molecole, flussi di informazione e circuiti neurali – e molti « sentono » intimamente che non è così – occorre anche specificare quale attività nervosa richieda l'intervento di un principio superiore e quale no.

Occorre considerare anche un altro aspetto della questione. Se in noi e negli animali superiori è il cervello che fa la parte del leone nell'esecuzione del complesso delle attività nervose, pur non esaurendone il repertorio, quando si scende via via sempre più in basso nella scala evolutiva si vede chiaramente che molte funzioni non sono compiute, o possono non essere compiute, dal cervello vero e proprio.

Molti gangli nervosi possono agire autonomamente e assicurare all'individuo una buona reattività, anche se fisicamente separati dall'equivalente del cervello. Famoso, perché molto studiato, è il caso del ganglio stomatogastrico dell'aragosta che è in grado di compiere funzioni nervose complicatissime in piena autonomia, e perfino se mantenuto artificialmente in una provetta. Se si invoca qualcosa di sovrannaturale nel funzionamento del cervello, riesce poi difficile non farlo per spiegare certe funzioni nervose delocalizzate o addirittura diffuse.

Una volta che si insinua il dubbio dell'immaterialità del principio ispiratore, non è facile liberarsene, con il risultato che anche in un cane deve operare qualcosa di simile, e così in un ranocchio, in un minuscolo gamberetto di mare, in un'ameba e magari in un batterio: la « mente » diviene così diffusa in tutti i viventi. Invece di servire a spiegare alcuni nostri eventi mentali specifici, essa finisce per permeare ogni attività che comporti una reazione alle sollecitazioni ambientali nel quadro di una relazione con il mondo circostante. Come succedeva per l'analogo concetto di anima, negarne la materialità ci conduce quasi inevitabilmente al panpsichismo. Che risulta però in genere altrettanto insoddisfacente: nel tentativo di capire come funziona veramente il mio cervello, finisco per concedere facoltà intellettive alle cellule più elementari o anche al brandello più infimo di materia.

Come abbiamo visto all'inizio, a formare e sostenere questa convinzione contribuiscono diversi fattori, il primo dei quali è certamente il fatto che ciascuno di noi è consapevole di quello che gli accade nella testa, o almeno così crede, e questo non è percepito come qualcosa di materiale. Tutt'altro.

È questa idea forse la dominante: so come e cosa penso, penso di sapere come e cosa pensano gli altri e questa è la mente. In questa ottica, la mente rappresenta il duplicato oggettivo della mia coscienza, un duplicato spersonalizzato e migliorato. Io conosco infatti i miei limiti, le mie conoscenze parziali e le mie particolari debolezze, ma la mente è qualcosa di superiore a queste particolarità, è una funzione appunto superiore e quasi sempre all'altezza del suo compito. Anche sulla base di queste ultime considerazioni, si vede tutta la precarietà della posizione che confonde il pensiero cosciente, ovviamente mio, con la mente, come già si è detto e come ripeteremo ancora.

È da più di un secolo che ci siamo resi conto di quanto ingannatore possa essere il risultato di questo sforzo introspettivo e la conseguente convinzione di poter conoscere direttamente come funziona la nostra mente. Noi siamo molto poco consapevoli di che cosa effettivamente accada nella nostra testa. Ne cogliamo solo una minima parte e solo di questa sapremmo, volendo, rendere conto. Ma si direbbe che il segreto è proprio questo: prendere il carattere manifestamente immateriale di questa nostra attività interna e spersonalizzarlo e quasi oggettivarlo per mettere insieme il concetto corrente di mente come attività intellettuale, come potenzialità costantemente in azione.

Qualsiasi obiezione alla visione della mente come un *quid* aggiuntivo e sovraordinato all'attività del cervello, si scontra con la contro-obiezione « Ma io so bene che cosa avviene nella mia testa, e questo non può essere ridotto a un mero funzionamento dei miei circuiti cerebrali. » Non si riesce cioè a liberarsi dell'impressione soggettiva della impalpabilità della nostra percezione dell'operato della nostra mente, anche se l'operazione che si compie nel quotidiano è proprio la separazione forzata della funzione della mente da quella della sua percezione da parte nostra. L'essenza della mente in sostanza viene separata dalla nostra percezione soggettiva del suo modo di essere, ma a essa resta attaccata la valutazione di immaterialità e di intrinseca irriducibilità che ne diamo. L'intrinseca irriducibilità della nostra coscienza personale viene così ordinariamente proiettata sulla mente stessa e a essa attribuita.

Per uscire da questo abbaglio occorre riflettere a lungo con mente sgombra e fare tesoro delle scoperte della neurobiologia, animale e umana, dell'etologia, della psicologia sperimentale e dell'intelligenza artificiale, insomma delle neuroscienze contemporanee. Le quali non individuano nella nostra testa niente di più dell'attività coordinata e continua dei nostri circuiti nervosi cerebrali. L'esistenza di un principio ordinatore superiore non può essere esclusa senza il ricorso ad assunti metafisici, ma non è assolutamente necessaria per spiegare ciò che accade. Fino adesso niente è successo nella nostra testa, in quella degli animali più studiati o nei circuiti di calcolatori e robot che richieda una spiegazione di tipo diverso. Si osservano soltanto segnali nervosi che percorrono circuiti nervosi, inseguendosi e incrociandosi senza sosta e a ritmo piuttosto sostenuto. Non tanto sostenuto, però, da non richiedere quantità apprezzabili di tempo. Apprezzabili e misurabili.

Il ritardo della mente

Questo è un punto fondamentale, anche se non viene sempre preso in considerazione in maniera sufficiente e valutato in tutto il suo significato. Perché un qualsiasi evento cerebrale – che si tratti di una percezione o della progettazione di un'azione – emerga alla coscienza, occorre almeno un quarto di secondo e più spesso un buon mezzo secondo, un tempo insignificante, considerato sulla scala dei tempi della nostra vita quotidiana, ma tutt'altro che irrilevante sulla scala dei tempi biologici e in particolare neurali.

Supponiamo che io stia procedendo in macchina, quando un bambino o un motorino mi attraversano improvvisamente la strada. Se non sono troppo distratto, freno ed evito di investirlo. Si tratta di un'esperienza concreta, usuale e quasi quotidiana, ma analizziamola bene facendone un'analisi temporale sufficientemente precisa, in termini di millisecondi, cioè di millesimi di secondo. Il mio piede si sarà portato sul freno e avrà probabilmente frenato in poco più di 100 millisecondi scongiurando così il peggio, ma io non mi renderò coscientemente conto di che cosa sta succedendo se non dopo circa 500 millisecondi dall'inizio dell'episodio e non sarò in grado di dire qualcosa a proposito dell'accaduto, se non dopo altri 150 millisecondi, cioè dopo 650 millisecondi dall'attraversamento improvviso. Tutto quanto si è svolto in meno di un secondo, ma in un secondo avremmo potuto tranquillamente «falciare» il malcapitato. Se ciò non accade, o accade di rado, è perché il mio corpo si rende conto della situazione di emergenza e vi pone rimedio ben prima che io mi accorga coscientemente di qualcosa. In questa circostanza «il mio corpo» significa l'insieme dei circuiti nervosi che dall'occhio portano l'informazione dell'evento alla corteccia visiva, da questa alla corteccia motoria e poi giù giù fino ai nervi che comandano i muscoli implicati nell'esecuzione della frenata.

Ricapitoliamo: al tempo 0 qualcosa mi attraversa la strada; dopo 50-60 millisecondi il mio cervello «vede» la scena; dopo 100-150 millisecondi il mio piede – istruito dal mio cervello – frena; dopo 500 millisecondi mi rendo conto dell'accaduto e dopo 650 millisecondi posso commentarlo in qualche modo. Fra la percezione visiva dell'episodio e la sua presa di coscienza da parte mia passa in sostanza quasi mezzo secondo, nonostante che nel frattempo io abbia frenato, e magari anche sterzato. Quel mezzo secondo circa separa la mia presa di coscienza di un fatto dal fatto stesso, diciamo l'*esse* dal *percipi*, gli accadimenti dalla loro percezione cosciente, l'inizio dell'attività cerebrale dall'emergere di una consapevolezza cosciente.

Questo lo si sa da tanto tempo. L'inizio di questa storia risale addirittura alla fine dell'Ottocento, anche se il suo completamento, se di completamento si può parlare, non ha più di venti-trenta anni. Sono nozioni ormai comuni nel campo delle neuroscienze, dove spesso vengono date per scontate, al punto che il neurobiologo Michael Gazzaniga affermò non senza *humour* che «la nostra mente è sempre l'ultima a sapere».

La cosa è ancora più complessa. Alcuni scienziati hanno condotto esperimenti direttamente sul cervello di pazienti che stavano subendo un'operazione. Si può infatti aprire il cranio e intervenire sul cervello, mentre il paziente è sveglio e cosciente, vale a dire in grado di collaborare e di rispondere anche ad alcune domande, senza che questi ne ricavi alcun danno. Si poteva così stimolare con un piccolo impulso elettrico direttamente una particolare regione del cervello e chiedere al soggetto che cosa avvertiva. Anche in questo caso occorre quasi mezzo secondo prima che il soggetto affermi di sentire qualcosa.

Si può stimolare così ad esempio la corteccia somatosensoriale, la regione corticale che riceve i segnali delle sensazioni tattili dalle varie parti del corpo. Quando è passato mezzo secondo dalla stimolazione, il soggetto afferma di avvertire una sensazione localizzata in una precisa parte del corpo, quella esattamente corrispondente alla regione di corteccia somatosensoriale che si stimola. Costui è quindi vittima di un doppio inganno della sua corteccia, di una doppia illusione percettiva messa in atto alle sue spalle, una di natura spaziale e una di natura temporale. Per quanto riguarda la localizzazione, il soggetto non sente lo stimolo provenire dalla regione della corteccia somatosensoriale alla quale è stato effettivamente applicato, ma da una specifica regione del suo corpo, la regione che corrisponde a quella porzione della corteccia somatosensoriale che è stata stimolata. La sua coscienza quindi « riferisce » lo stimolo alla superficie del corpo, mentre le cose sono andate in maniera ben diversa. Per quanto riguarda il tempo poi, il ritardo di mezzo secondo non viene minimamente avvertito: tutto gli sembra che accada « istantaneamente ». La sua coscienza in sostanza « retrodata » la sensazione percepita, riferendola al momento stesso della stimolazione, in modo che egli non percepisca alcun ritardo temporale.

Perché deve trascorrere questo mezzo secondo perché si abbia coscienza della stimolazione in questione, se tutto si è svolto a livello della corteccia? Evidentemente il segnale deve permanere nella corteccia cerebrale tutto questo tempo, prima che emerga in essa una percezione cosciente dello stimolo, ma nessuno sa perché. Nessuno sa al momento che cosa deve succedere nella corteccia cerebrale perché dalla stimolazione elettrica di partenza arrivi a emergere qualcosa alla coscienza e neppure perché questa applichi la sua retrodatazione. D'altra parte si sa che la corteccia si sarebbe comportata essenzialmente nella stessa maniera anche se lo stimolo fosse stato applicato direttamente sulla pelle, invece che sulla corteccia stessa.

Esperimenti del genere non possono essere condotti da tutti, tutti i giorni. Occorre lavorare in stretta collaborazione con un neurochirurgo, che permetta l'esecuzione di tali prove su un paziente che è stato preparato per essere operato al cervello a causa di una grave patologia. Ciononostante tali esperimenti sono stati condotti un numero sufficiente di volte per poter essere sicuri del loro risultato. Questa serie di osservazioni non ha fatto che confermare l'esistenza del mezzo secondo di ritardo della coscienza sugli eventi cerebrali di cui abbiamo parlato sopra e mettere bene in chiaro come moltissime delle attività del nostro cervello possono aver luogo senza l'intervento della coscienza.

È degno di nota inoltre il fatto che la nostra corteccia cerebrale senta il bisogno di ricostruire l'andamento dei fenomeni in modo da farci credere che il ritardo temporale non ci sia stato. Insomma, normalmente non ci accorgiamo del famoso ritardo perché la corteccia ci inganna e ci dà la sensazione di prendere coscienza di un evento quasi istantaneamente. Ciò non è vero solamente per una frenata in macchina o su una moto. Quando giochiamo a ping-pong, a tennis, a palla a volo, e via discorrendo, ci comportiamo in una certa maniera senza aspettare di avere una precisa consapevolezza cosciente della direzione e della velocità della palla che sta arrivando verso di noi. Dobbiamo per forza muoverci in anticipo e spesso colpire anche in anticipo, come sa bene ogni buon giocatore. Viviamo in realtà molto spesso al di sotto del livello della coscienza, che si presenta un po' come un lusso, del quale per molte cose si può fare anche a meno.

Ancora più famosi e probabilmente degni di nota sono gli esperimenti che il neurochirurgo di origine canadese Benjamin Libet ha condotto per misurare il momento esatto del concepimento di un atto di volontà da parte di un essere umano. In sé, l'esperimento è semplicissimo. Si chiede a un volontario di premere di tanto in tanto un pulsante, a suo piacimento. Davanti a sé questi ha un orologio che scandisce il tempo in centesimi di secondo. Al volontario si chiede quindi di cercare di ricordarsi che cosa segnava l'orologio quando ha deciso di premere il pulsante. Una nutrita batteria di esperimenti ha rivelato che passano in media 200 millisecondi fra quando il soggetto decide di premere e quando preme effettivamente il pulsante. Fin qui niente di strano: 200 millisecondi ci possono volere tutti per mettere in atto la decisione di premere il pulsante.

Se si registra però ogni volta nel soggetto in questione il cosiddetto «potenziale di prontezza» che si genera nella corteccia motoria supplementare nell'imminenza e in preparazione di ogni azione, si vede che questo precede l'azione di 550 millisecondi e quindi la nostra decisione di premere il pulsante di ben 350 millisecondi. Il mio cervello sembra che sappia quindi che io voglio premere il pulsante con un anticipo di 350 millisecondi su di me! Anche in questo caso la mia consapevolezza è in ritardo su una parte del mio cervello, ma il problema qua sembra più serio: io sono convinto di aver deciso liberamente e autonomamente di premere il pulsante e l'esperimento sembra contraddire questa mia convinzione.

Non è il caso di prendere in considerazione qui tutte le implicazioni di carattere filosofico e psicologico dell'esperimento, specie per quanto concerne la responsabilità dell'atto di volontà, di ogni atto di volontà. Dobbiamo cioè rinunciare al concetto di libero arbitrio e all'idea di essere padroni delle nostre azioni? Dobbiamo pensare che qualche parte del nostro cervello decida per noi, oppure dobbiamo considerare che anche la mia corteccia motoria fa comunque parte di me e della mia individualità? La questione non è di poco conto in quanto investe i fondamenti stessi della nostra libertà.

Tutto ciò chiarisce meglio di ogni altra cosa la differenza fra attività cerebrale e percezione cosciente della stessa. Chiarisce oltre ogni ragionevole dubbio che si tratta di due fenomeni che hanno esiti generalmente diversi, anche se la percezione cosciente non può non appartenere al repertorio delle attività cerebrali. Se chiamiamo poi mente la coscienza, cosa che si fa abbastanza spesso e con grande disinvoltura, possiamo anche dire che quel mezzo secondo è ciò che separa la mente dal cervello.

Naturale e artificiale, organico e inorganico

In questi ultimi dieci anni sono successe molte altre cose, di natura un po' diversa, che cospirano a far assottigliare, se non scomparire, il divario fra cervello e mente, e fra onde elettriche e volontà. Sto parlando delle cosiddette neuroprotesi o interfacce cervello-macchina (BMI, *brain-machine interfaces*), cioè di dispositivi atti ad amplificare le deboli onde elettriche che percorrono le varie regioni del nostro cervello per azionare dispositivi di varia natura. In questa maniera un cervello opportunamente addestrato può aprire una finestra o accendere un televisore senza toccarli. Tentativi del genere sono finalizzati alla possibilità di dare un certo grado di autonomia a persone paralizzate ma che hanno conservato il pieno possesso delle loro facoltà mentali. In questo campo si sono avuti numerosi successi con il raggiungimento di un notevole livello di interattività fra il soggetto agente e il mondo circostante.

Con l'utilizzazione delle più recenti tecniche di registrazione e di amplificazione del segnale nervoso si è potuto ad esempio verificare che un macaco impara in pochi giorni a portarsi il cibo alla bocca, utilizzando un braccio meccanico, indipendentemente da dove e come il cibo gli viene presentato. Il nostro « paziente » può anche cercare di leccarsi le « dita » meccaniche e di usare un « dito » per spingere ben dentro alla bocca un pezzo di cibo «riottoso». Mediante l'uso di un braccio meccanico da lui stesso mentalmente comandato, insomma, l'animale può mostrare chiari segni di apprendimento e di interattività, in un comportamento che dimostra un notevole livello di adattabilità.

Assai interessante è osservare la velocità e la naturalezza con le quali l'animale impara ad avvalersi del braccio meccanico. Lo fa basandosi soltanto su un processo di «prova ed errore», stimolato dall'interesse per il cibo. Nel suo caso non ci possono essere, ovviamente, consigli verbali, consigli che potrebbero invece essere decisamente utili nel caso di un utente umano. Vale la pena di notare anche che la velocità di apprendimento dell'uso della neuroprotesi contrasta nettamente con quella della maggior parte delle terapie riabilitative attualmente in uso, che sono assai di frequente causa di profonda frustrazione per il paziente che vi si sottopone.

Esistono ovviamente ancora parecchi problemi pratici, che devono essere risolti prima di poter rendere di largo uso l'utilizzazione di tali dispositivi per pazienti umani. Innanzitutto, la connessione dell'apparato con il tessuto cerebrale dell'individuo deve essere affidabile e stabile, mentre al momento la connessione è piuttosto precaria e non resiste abbastanza a lungo. In secondo luogo, gli apparecchi necessari sono ancora relativamente ingombranti e certamente non trasportabili. Infine, e forse più importante, per controllare i movimenti si è fatto per ora affidamento soltanto sulla vista.

Quando noi agiamo, invece, utilizziamo normalmente tutti i nostri sensi, esterni e interni. La propriocezione per esempio, cioè la percezione della tensione dei propri muscoli, ci è necessaria per dosare gli sforzi e renderli più adatti al raggiungimento dello scopo. Occorre, cioè, evitare di reggere con troppo poca forza un oggetto pesante o scivoloso o, viceversa, evitare di compiere un inutile sforzo per afferrare un oggetto più leggero.

In vista di estese future applicazioni cliniche occorrerebbe inoltre prelevare il segnale nervoso non solo dalla corteccia motoria vera e propria, ma anche da quella premotoria e magari da quella parietale posteriore, allo scopo di dare all'azione un andamento sempre più naturale e «spontaneo». Quando agiamo, infatti, noi prepariamo l'azione e la rendiamo «fluida» utilizzando tutte queste diverse parti della nostra corteccia. Ci sono grandi prospettive insomma per la neuroriabilitazione postraumatica e per il raggiungimento dell'autonomia da parte di persone con problemi di motricità.

Con procedimenti del genere, si ottiene la trasformazione di un segnale nervoso in uno elettronico utilizzabile con metodologie proprie dell'informatica. È da qualche anno che si può procedere anche in senso opposto, con protesi che si avviano a sostituire egregiamente terminazioni sensoriali danneggiate o addirittura assenti. Protesi elettroneurali visive e auditive, per non menzionare che le maggiori, portano uno stimolo sensoriale esterno, per esempio visivo, direttamente alla corteccia cerebrale. Così alcuni pazienti ciechi hanno potuto «vedere» e deboli di udito sentire: basta saper tradurre gli stimoli esterni fisici e chimici nelle opportune onde elettriche cerebrali e applicare queste ultime direttamente sulla corteccia cerebrale.

Molto di recente si è ottenuta la sintesi dei due approcci, facendo muovere un muscolo del corpo utilizzando un'onda cerebrale senza che questa passi per i suoi canali naturali. I paraplegici sono individui che in seguito a un incidente o per una patologia specifica soffrono di un'interruzione nella continuità del midollo spinale. Il segnale parte dal cervello, ma non può raggiungere un certo muscolo, magari sano, perché la via naturale è interrotta. Come risultato hanno perso la mobilità (e la sensibilità) della parte del corpo che si trova al di sotto dell'interruzione.

Con le tecnologie di interfaccia cervello-macchina si è riusciti ad andare adesso dalla corteccia motoria al muscolo dell'arto di un macaco senza passare per il midollo spinale. Qui il neurone che guida il movimento non è quello che lo fa normalmente. Cioè non è quello che « naturalmente » controlla il movimento di quel muscolo. Si è visto che basta « educarlo » e impara presto a farlo, attraverso un processo di *biofeedback*. Si potrebbe così saltare il blocco spinale e insegnare a un paraplegico a muovere con la forza del pensiero i propri muscoli precedentemente inerti.

Gli elementi di novità di quest'ultimo esperimento sono molteplici. Intanto si parte da neuroni che non hanno sempre fatto quel mestiere e che anzi in genere ne fanno un altro, ad esempio mandare un segnale non a un muscolo direttamente, ma a un neurone motore che si trovi nel midollo spinale. In secondo luogo non c'è bisogno di partire da neuroni della corteccia motoria correlata al braccio, ma possono essere anche utilizzati neuroni di altre regioni della corteccia motoria, correlati magari ai movimenti della bocca o del piede. In terzo luogo basta partire da un singolo neurone e non da una popolazione di neuroni, come succede usualmente, in condizioni naturali. In quarto luogo si può fare in modo che quel neurone « comandi » un certo numero di muscoli e non uno solo, in modo da rendere il movimento più completo e più fluido. Si è scoperto infine che in pochi minuti l'animale può imparare a usare un neurone corticale motorio qualsiasi semplicemente osservando gli effetti del suo « pensiero » sul movimento di questa o quella parte del corpo, naturalmente se ne ha un tornaconto.

Non importa, tutto sommato, che cosa c'è tra il neurone corticale e il braccio, né come questo qualcosa operi – non più del resto di quanto a noi normalmente importi attraverso quali meccanismi neurali e muscolari arriviamo ad afferrare un oggetto –, l'importante è che l'animale riesca ad adattare il suo operato al raggiungimento dello scopo. E questo è interamente alla sua portata, come alla sua portata è il «voler» compiere quell'azione.

Oltre ad aprire orizzonti insperati per il futuro della neuroriabilitazione, l'esperimento pone, come tutti quelli consimili, questioni filosofiche di estrema rilevanza. Che cosa vuol dire che l'animale vuole afferrare un oggetto? Da dove parte il comando di farlo? La corteccia motoria è un'esecutrice o una responsabile primaria? Chi impara? Dov'è il Sé dello scimmiotto? E dov'è il mio Sé? «Ed io che sono?»

Tanto si è detto e scritto nei secoli sul tema del rapporto mente-cervello, ma la mia impressione è che esperimenti come quelli appena descritti mettano fuori gioco molte posizioni teoriche, che a questo punto appaiono solo ideologiche. Che senso ha separare una mente, con un suo statuto ontologico particolare, dal cervello, dal momento che un apparecchio materiale, che utilizza solo meccanismi e principi fisico-chimici, può mettere concretamente in pratica un atto di volontà di una persona? Questi dati dimostrano che voler fare una cosa, comunque si sia originata tale decisione, si traduce direttamente nella produzione di un complesso di onde elettriche cerebrali, le quali mettono direttamente in moto a loro volta un complesso di muscoli per produrre e controllare un'azione finalizzata a ottenere lo scopo che ci si era prefisso. Tra il concepimento di un atto di volontà e la sua realizzazione non intercorre quindi niente di misterioso né di non naturale. Resta solo da scoprire come si origina un atto di volontà e come questo prende corpo a livello della corteccia motoria.

Il riassunto del capitolo potrebbe essere dunque questo: l'uomo ha inventato il concetto di una mente, o dei suoi analoghi nelle diverse lingue del mondo, per dare corpo, e una parvenza di oggettività, alla sua sensazione che esista un agente centrale nelle sue attività cerebrali individuali e un regista nel comportamento e nel discorso altrui. L'aspirazione all'oggettivazione di una funzione biologica organizzante non è di per sé criticabile. Quello che colpisce è che, nonostante la secolarizzazione e la razionalizzazione progressive del nostro modo di concepire il mondo, la mente sia rimasta sostanzialmente un sostituto acritico dei due concetti gemelli di anima, nella visione religiosa, e di coscienza, nella percezione del quotidiano. Per come è vista dai più anche oggi, il concetto di mente cerca di compendiare la galassia delle attività cerebrali mantenendo però molte delle caratteristiche, fondamentalmente illusorie, della nostra coscienza e della sua percezione diretta.

Mente e malattia mentale

Questo è un argomento di cui si parla molto spesso nelle società contemporanee, anche se si usano termini diversi per indicare la stessa difficoltà individuale: malattia mentale appunto, oppure disagio psichico, disturbo psichico o addirittura psichiatrico, nevrosi, psicosi, disordine affettivo, disturbo della personalità, comportamento deviante e via discorrendo. Al di là dei nomi si tratta in ogni caso di problemi di maggiore o minore serietà nei quali è in gioco il tono fondamentale dell'umore e l'adattamento alle diverse vicissitudini della vita. Probabilmente disturbi del genere ci sono sempre stati, soprattutto quelli di grossa entità, ma una volta erano messi in secondo piano da problemi materiali spesso molto più seri e dalla problematica esistenziale intrinseca a una vita continuamente a rischio, piena di pericoli di tutti i tipi, di dolore e di fatica. Fatto sta che oggi non c'è praticamente nessuno che non denunci un qualche problema psicologico, magari lievissimo e transitorio, se lo accarezzi, e talvolta cerchi di risolverlo, ricorrendo ai metodi più diversi.

Alcuni di questi disturbi, accompagnati spesso da una riduzione del coefficiente intellettivo, hanno una chiara base organica, che può essere a sua volta congenita o acquisita. Quelli che una base organica non ce l'hanno o che non ce l'hanno conclamata sono stati attribuiti tradizionalmente alla mente o alla psiche, entrambe ben distinte dal corpo: al corpo appartengono così le malattie organiche, alla mente le malattie mentali. Una tale distinzione non può non franare nella cornice concettuale che siamo andati delineando: se non esiste una mente distinta dal corpo, non ha senso nemmeno attribuire un disturbo all'una o all'altra entità.

Sull'argomento le discussioni sono sempre state vivaci e prolungate e se c'è un campo nel quale la nozione di mente (o di psiche) sembra persistere più ostinatamente, questo è proprio quello delle malattie mentali, anche per il perdurare della perniciosa confusione tra biologico e genetico. Biologico o organico è ciò che appartiene con certezza al corpo, ma questo può avere una natura genetica oppure una acquisita, cioè essenzialmente non genetica, anche se alcune delle caratteristiche biologiche acquisite si possono appoggiare più o meno marcatamente a una determinata predisposizione genetica.

La classificazione tradizionale prevede per una determinata malattia psichica una natura organica o una psicologica. Per ciascuna malattia ci può essere poi un'origine organica e una psicologica.

In passato erano considerati organici solo i disturbi che si rivelavano associati a un difetto organico specifico e dimostrabile, cosa che accadeva per altro per un'esigua minoranza di casi. In ogni altra circostanza si assumeva una natura mentale o psichica non meglio identificata. Non essendo noi oggi più molto interessati a questa attribuzione di natura, organica o psichica, di una malattia mentale, resta soltanto il punto dell'origine della stessa, che può andare da un transitorio disagio psichico conseguente a determinate vicissitudini personali al più grave disturbo affettivo o, più raramente, cognitivo.

L'attribuzione della causa di un disturbo psichico a eventi esterni è vecchia come l'uomo e l'idea si è ulteriormente rafforzata e raffinata ai tempi nostri. Si afferma quindi spesso che l'origine di un certo problema è puramente psichica, nel senso che è da ricercare nella vita esterna, cioè in eventi reali, remoti o recenti o anche presenti e ricorrenti. Sul fatto che gli eventi esterni possano avere effetti rilevanti sul nostro essere e sul nostro modo di affrontare la vita ci sono pochi dubbi, a maggior ragione se gli eventi in oggetto sono ricorrenti e l'atmosfera che si respira al momento è sempre la stessa che ha contribuito a creare il problema. Come in ogni altro caso però l'effetto è mediato dal corpo stesso e più in particolare dal sistema nervoso dell'interessato.

La causa può benissimo essere esterna, anche se ciò accade meno spesso di quello che siamo oggi di solito indotti a pensare, ma il problema si è quasi sempre « interiorizzato », nel senso più pieno del termine. È divenuto interno e fisico, perché si è consegnato ad alcuni circuiti nervosi, ha sensibilizzato alcune parti del nostro corpo, ha modificato alcune funzioni del nostro apparato nervoso. È divenuto cioè nostro a tutti gli effetti, come il respirare e il digerire, anche se per periodi di tempo fortunatamente limitati. Psichica, o psicologica o mentale, può essere quindi solo la causa di un disturbo, non la sua essenza. Per quanto esterna ed estrinseca possa esserne la causa, una traccia interna, una « memoria » organica deve averla pur sempre lasciata, da qualche parte.

Rintracciarla quindi e cercare di eliminarne o anche solo attutirne gli effetti negativi non è allora tempo perso, né può tantomeno rappresentare un danno per l'interessato, come troppo spesso si lascia intendere. Anche perché è assai di frequente più semplice fare questo che rimuovere la causa esterna, specie se remota e sepolta in un fantomatico passato.

Malgrado la sua valenza composita e la sua articolata polisemia, la mente non esaurisce però la totalità di ciò che sentiamo accadere dentro di noi. Alcuni si accontentano infatti del concetto di mente, ma il più delle volte tendiamo ad affiancare a esso quello di psiche e dei suoi equivalenti, come totalità della vita affettiva e universo dei sentimenti. In questa accezione, la mente è il complesso delle attività mentali più razionali e consequenziali che noi mettiamo in atto e delle quali potremmo, volendo, rendere conto, mentre la psiche è qualcosa di aggiuntivo che noi quasi subiamo e del quale possiamo solo rendere testimonianza. Nella lingua dei greci antichi, da una parte c'è il Logos, dall'altra la pletora di Dei e Dee più o meno volubili, capricciosi e intransigenti che si contendono il dominio del nostro proprio essere.

2

LE PALPITANTI METAFORE DEL SENTIMENTO

La prima persona e le vicissitudini della seconda

Amor tremendo è il mio.
Tu nol conosci ancora
Alessandro Manzoni, *Adelchi*

Oltre la cognizione

Ho già parlato dell'arbitrarietà della distinzione netta fra una sfera emotiva e un'attività razionalizzante e computativa: non esiste evento interiore di un tipo che non coinvolga elementi dell'altro tipo. Tutto quello che si può dire è che esistono momenti particolari della nostra vita nei quali un aspetto sembra prevalere sull'altro.

Nel momento in cui faccio un calcolo particolarmente complesso, implicante vari passi successivi, o tento di risolvere un problema logico, utilizzo le mie risorse mentali di natura quasi esclusivamente razionale e consequenziale, mentre quando mi trovo nella morsa di un grande dolore psichico, sono prevalentemente in preda alle alterne vicende della mia vita affettiva. Inoltre ho l'impressione di « eseguire » un ragionamento che implichi un calcolo e al contrario di « vivere » i miei stati emotivi. Il problema è infatti chi è io e come questo io si rapporti alle sue diverse funzioni, all'interno della testa o anche fuori di quella.

Se l'uomo medio è pieno di pregiudizi, ai quali è particolarmente affezionato, quando si parla di mente, ancor più si riscontra un quasi consapevole desiderio di ignoranza e di scarsa lucidità quando si parla di sentimenti. Un primo errore fondamentale è rappresentato dalla convinzione che i sentimenti li abbiamo solamente noi esseri umani, anche se è sufficiente una semplice riflessione a persuaderci del contrario.

In secondo luogo mostriamo un «affetto» particolare per i nostri affetti – ci paiono cose nobilissime e superiori – e l'affetto, si sa, rende ciechi. Come conseguenza di tale impostazione, ci ribelliamo violentemente a chi ci mostra l'utilità delle emozioni e come il provarle sia un fondamentale elemento di sopravvivenza. «Le emozioni non servono a qualcosa di specifico», sembriamo dire, «sono elementi accidentali e sempre nuovi che arricchiscono la nostra vita psichica.»

Da qualche anno poi si è registrata una paradossale gara a lodare la sfera affettiva e le sue articolazioni a scapito del ragionamento e della logica. Non sono questi ultimi, molti sembrano pensare in sostanza, che ci distinguono dagli esseri inferiori, ma la ricchezza e la complessità della nostra vita affettiva. È abbastanza chiaro che così non si va da nessuna parte. Si fa solo della letteratura, di maggiore o minore qualità, ma sempre letteratura, con il suo inevitabile corredo di retorica, e ci si preclude la comprensione dei fenomeni più naturali.

Partiamo dall'inizio e collochiamo le emozioni nel quadro di riferimento più appropriato, che è il perseguimento della sopravvivenza, primo e ultimo obiettivo reale, anche se generalmente inconsapevole, di un essere vivente. Gli esseri viventi, dal più semplice al più complesso, tendono a sopravvivere più a lungo possibile nel loro ambiente e infine a riprodursi. Per sopravvivere devono mantenere il loro stato interno più costante e regolato possibile e per ottenere questo possiedono una rete di meccanismi, cosiddetti omeostatici, che operano silenziosamente e per così dire sotterraneamente.

Nei batteri e negli organismi pluricellulari più semplici è sostanzialmente tutto qui, anche se ci può essere un barlume di comportamento, per lo più sotto forma di movimento, consistente nell'avvicinarsi a una sorgente luminosa o nell'allontanarsene, nell'accostarsi a una fonte di sostanze nutritizie e nel fuggire un'alta concentrazione di sostanze tossiche.

Negli organismi più complessi esiste invece tutta una varietà di comportamenti complessi messi in atto per spianare la strada al raggiungimento dell'obiettivo primario. Il comportamento in senso lato è anzi quello che gli organismi più evoluti hanno saputo inventare per giungere laddove la semplice omeostasi interna non poteva arrivare. Avvicinarsi al cibo e prenderlo, allontanarsi dal troppo caldo o dal troppo freddo, scappare da un pericolo o affrontare la minaccia, raggiungere un possibile partner sessuale, e nel caso nostro parlare, sono altrettanti schemi comportamentali messi in atto da un animale sufficientemente complesso in questa o quella circostanza, per facilitare il raggiungimento di un equilibrio omeostatico interno. Per fare questo nella maniera più accorta e appropriata possibile occorre la cognizione, ovviamente, meglio se avanzata, ma occorre anche avere una propensione per certe cose e un'avversione per altre.

Da che cosa derivano questa propensione e questa avversione? Astrattamente parlando, possiamo pensare a un sistema di spinte e controspinte che si basa essenzialmente su tre istanze: Bisogni, Premi e Punizioni. I Bisogni hanno un loro statuto a parte: devono venire quasi necessariamente soddisfatti e lo sono, nei limiti del possibile, da una rete di processi somatici di natura omeostatica che passano largamente inosservati, ma che possono a loro volta estrinsecarsi in un insieme di Spinte motivazionali primarie, essenzialmente incondizionate e irriducibili. I Premi e le Punizioni appaiono invece comportarsi come stimoli condizionati e parzialmente modificabili nelle loro diverse articolazioni.

Se vogliamo scendere nei dettagli e illustrare come tutto questo si applichi agli animali superiori e in particolare a noi, occorre chiarire la sottoarticolazione dello schema tripartito appena proposto.

Da una parte ci sono i bisogni e le spinte motivazionali primarie a essi associate, con il loro ruolo di incentivi fondamentali e urgenze incomprimibili e non negoziabili.

Dall'altra il sistema dei premi, che si estrinseca lungo almeno due assi: il soddisfacimento avvertibile di alcuni bisogni più le nostre emozioni positive o premianti.

Esiste infine il sistema delle punizioni, anch'esso realizzato su due assi principali: le nostre emozioni negative o mortificanti più il dolore, fisico o psichico.

Le spinte primarie da una parte e il dolore dall'altra non si discutono; hanno un carattere di urgenza e di imprescindibilità che ne fa due istanze costitutive a sé stanti, anche se con finalità opposte: le prime vanno soltanto seguite, il secondo va soltanto fuggito. In mezzo a questi due estremi si trova l'universo delle emozioni, una costellazione di stati d'animo e di coinvolgimenti affettivi più o meno cogenti che costituiscono il commento somatico e mentale individuale alle diverse vicende del nostro vivere, un commento che si presenta come consuntivo e come preventivo: questo ci piace, questo non ci piace, questo verosimilmente ci piacerà, questo non ci piacerà, questo si dovrebbe perseguire, questo si dovrebbe fuggire o attutire.

Le varie emozioni hanno quindi una funzione di valutazione e di ingiunzione che ne fanno il sale della vita e servono per impostare tanto valutazioni retroattive, quanto previsioni e progetti per il nostro comportamento generale o specifico, ovviamente in collaborazione più o meno stretta con le funzioni cognitive della nostra mente e della nostra coscienza. Se non riconosco una data situazione non posso valutarla, ma nello stesso tempo non posso cognitivamente prevedere fino in fondo l'effetto che questa mi farà.

La progettazione del nostro comportamento si basa quindi su una valutazione (e previsione) cognitiva e su una affettiva. Se provare un'emozione senza riconoscere l'oggetto che la causa non è possibile, è ancora più difficile guardare a una data situazione senza una valutazione affettiva e senza un interesse per l'oggetto stesso. Abbiamo visto che la percezione è sempre finalizzata all'azione, ma l'azione non ci può essere senza una motivazione o un'aspettativa positiva.

La percezione e la mente cognitiva ci suggeriscono « come » compiere un'azione; l'emotività ci dà una ragione per compierla e ci spinge a farlo. La cognizione e la ragione si comportano come gli argini di un fiume in piena, ma l'affettività è la gravità della sua massa d'acqua. Noi siamo prima di tutto il fiume e secondariamente gli argini, anche se la nostra evoluzione culturale ha teso a richiamare la nostra attenzione più su questi ultimi, non fosse altro perché le loro vicende si prestano meglio a essere raccontate e tramandate.

Noi esseri umani abbiamo sviluppato molto il nostro lato cognitivo, arrivando a coltivare la ragione se non una razionalità spinta, ed è giusto che prendiamo tutto ciò molto sul serio. Occorre però ricordare che la ragione ci aiuta a vivere, ma non ci motiva a farlo. Nessuno di noi vive per motivi razionali, bensì perché siamo... « portati » a vivere e magari a riempire la nostra vita di contenuti, anche razionali e magari culturali. Il lato unico e ineffabile dell'universo affettivo-motivazionale è la sua ineluttabilità e la sua necessità assoluta: per vivere bisogna voler vivere, o almeno voler riempire le giornate. E questo la mente computazionale e la ragione non lo possono garantire. Vale anche la pena di sottolineare che abbiamo individuato diverse aree cerebrali impegnate nella gestione dell'affettività, ma nessuna devoluta alla razionalità: è questo in sostanza il « corpo estraneo » – e nuovo – presente in noi, non le emozioni.

Consideriamo ora in dettaglio i vari elementi di questo discorso generale: le spinte motivazionali, le emozioni e il dolore. Lascerei però le emozioni per ultime, perché richiedono un discorso più ampio e approfondito di quello di ciascuno degli altri due punti.

Le spinte motivazionali primarie

Un trattamento rigoroso dei bisogni fisici e delle spinte motivazionali primarie richiederebbe la considerazione di argomenti fisiologici e più in generale biologici che non è il caso di mettere sul tavolo qui. Tanto, quelli che sono i veri bisogni li conosciamo tutti: bere, mangiare, dormire, riscaldarsi, muoversi, talvolta riposarsi, sesso e via discorrendo. Per raggiungere tali obiettivi, messi a loro volta in essere da meccanismi molecolari e cellulari più fini e più profondi, devono intervenire innumerevoli circuiti regolativi di vario livello.

Tutto ciò produce la sensazione di sete, di fame e tutte le altre diverse urgenze che possono emergere con chiarezza alla coscienza o rimanere invece a un livello subliminale. Fame, sete, sonno, una sensazione di freddo, il desiderio sessuale – come pure il bisogno di fumare per un fumatore accanito – sono tutte spinte comportamentali potenti e spesso imperative. Nella loro essenza rispondono a un profondo bisogno corporeo volto a procurarsi qualcosa che manca. E che va cercato.

Quando si ha fame, mangiare ci dà piacere, così come bere quando si ha sete. Quello che inseguiamo di fatto è il piacere che ci deriva dal soddisfacimento di questi bisogni e l'astuzia del nostro corpo è proprio quella di proporci alcuni obiettivi piacevoli per raggiungere scopi più profondi. L'attrattore palese che sta al centro di ogni motivazione fondamentale è appunto l'ottenimento di un piacere.

Non tutte le motivazioni che ci muovono e ci fanno vivere sono legate a bisogni corporei fondamentali, ma lo schema generale è sempre lo stesso anche per le motivazioni più minute e sottili, legate magari a bisogni di carattere più squisitamente intellettuale e culturale. Ma di che natura è questo piacere che andiamo inseguendo in queste circostanze? Qualcosa cominciamo a intravedere in proposito, anche se siamo chiaramente solo all'inizio.

Si è scoperto ad esempio che i topi di laboratorio gradiscono molto una lieve stimolazione elettrica applicata ad alcune parti del loro cervello. Se riescono a ottenerla premendo una levetta, passano molto tempo a premere e ripremere quest'ultima, dimenticandosi perfino di mangiare, finché non cadono esausti. Questo dimostra piuttosto chiaramente che ci può anche essere un certo grado di dissociazione tra il soddisfacimento di un bisogno e il piacere che questo può procurare.

Dopo che è stato accertato il fenomeno, si è cercato di determinare quale fosse la regione cerebrale che una volta stimolata dava più piacere ed era quindi più ricercata dagli animali. Si è visto così che l'obiettivo preferito per la stimolazione elettrica è un fascio di vie nervose che vanno dalla base del cervello alla corteccia cerebrale basale, passando vicino alla superficie ventrale e anteriore del cervello. Questo fascio è costituito di cellule nervose che producono dopamina. La stimolazione ripetuta di tale fascio, detto fascio dopaminergico mesocorticolimbico, porta una certa quantità di dopamina alla corteccia cerebrale. Questo aumentato apporto di dopamina dà piacere e agisce come uno stimolo rinforzante nel soddisfacimento di vari bisogni molto concreti, come pure, sorprendentemente, nella ricerca e nel possesso di un'entità astratta come il denaro.

C'è nei topi quindi, ma anche negli esseri umani, una particolare struttura nervosa che apporta la dopamina al cervello. Questo dispensa piacere e crea un bisogno, cioè una dipendenza, che spinge a procurarselo. Tutte le operazioni che aumentano la produzione di dopamina in questa regione aumentano il senso di piacere e la sua ricerca, mentre le azioni che si oppongono a questo, diminuiscono il piacere ottenuto e quindi la spinta alla sua ricerca. È interessante osservare come meccanismi del genere siano anche alla base della dipendenza da alcune sostanze stupefacenti.

Cocaina, eroina e nicotina, per esempio, hanno meccanismi d'azione molto diversi e producono effetti diversi, ma tutte e tre stimolano, direttamente o indirettamente, la produzione di dopamina. Uno degli effetti secondari della nicotina contenuta nel fumo delle sigarette è quindi quello di incrementare la dopamina nel cervello. Di qui l'assuefazione e la difficoltà di smettere.

Con il circuito della dopamina interagiscono anche altre sostanze «premianti», come le endorfine. In condizioni di stress, soprattutto ripetuto, o in presenza di dolori persistenti, il cervello reagisce producendo sostanze naturali endogene simili agli stupefacenti che danno un senso di ottundimento, se non di euforia. Si attutisce così il dolore e si contrastano gli effetti deleteri dello stress. Queste sostanze sono note da qualche tempo e sono dette endorfine ed encefaline e raggruppate in diverse famiglie. La loro azione, anche se non ancora nota in tutti i particolari, è correlata positivamente con il circuito della dopamina. Rientrano quindi nel grande sistema delle spinte motivazionali primarie e della promozione delle azioni concomitanti, un sistema ancora in larga parte da studiare.

Le carenze biologiche fondamentali creano bisogni, che vengono percepiti come motivazioni. Queste agiscono in modo diretto e in una varietà di modi indiretti. Ciascun modo indiretto può acquisire anche una sua autonomia e addirittura essere oggetto di un condizionamento. I topi di laboratorio possono infatti anche essere condizionati a stimolare la propria produzione endogena di dopamina dopo aver visto una luce di un certo tipo o aver udito il suono di una campanella. Il nostro agire è guidato da una miriade di motivazioni appartenenti ai livelli gerarchici più vari e che rispondono ai condizionamenti più diversi. Tutte insieme, le motivazioni forniscono la spinta interna al nostro io e lo trascinano da una parte o dall'altra secondo una trama che la nostra vita emotiva trasforma poi definitivamente in un arazzo, cioè in una serie di comportamenti.

In questa ottica si può arrivare anche a desiderare qualcosa che non solo non ci giova, ma che ci danneggia addirittura. Solo così si spiegano l'anoressia, il masochismo, la crudeltà irrefrenabile. Il rifiuto di mangiare, il desiderio di soffrire o di infierire su qualcun altro possono venire associati al circuito del piacere e quindi perseguiti come beni o soddisfacimento di bisogni. Anche le spinte più primitive possono in noi essere reindirizzate e più generalmente educate.

Questa osservazione getta un'ombra profonda su tutte le considerazioni superficiali a proposito delle distinzioni «naturali» di piacere e dispiacere e in definitiva di bene e di male, anche sul piano puramente soggettivo. Una cosa non ci è gradita o sgradita in sé, ma in conseguenza della valutazione che di essa dà il nostro corpo. Se riceve cioè un giudizio positivo o negativo da parte dei nostri circuiti premianti, primo fra tutti quello della dopamina. Grande è a questo proposito la plasticità dei nostri circuiti e quasi illimitata la loro educabilità. Fondamentali per tutto questo sono il periodo del nostro sviluppo biologico e quello della formazione e della «educazione sentimentale».

Il dolore

All'estremo opposto si trova il dolore, il deterrente assoluto, la sensazione da evitare con tutte le nostre forze, sia che si tratti di dolore fisico che di dolore psichico. Del dolore parlerò poco, perché l'ho già fatto estesamente altrove (vedi il mio *Il male*) e perché l'argomento rientra solo marginalmente nel discorso che sto facendo. Quanto all'origine di un dolore, questa può essere rintracciata nel mondo esterno o all'interno del mio corpo oppure direttamente nella mia psiche. La sua percezione, la sofferenza, si origina invece nel mio io. È il mio io che soffre, in seguito a un'alterazione dolorosa dello stato del mio corpo.

Il dolore può essere fisico o psichico ed essere di derivazione fisica o psichica. Consideriamo il dolore fisico, più noto e a noi più familiare. Questo può provenire da stimoli esterni al nostro corpo o da stimoli interni a esso; ha un carattere di urgenza; si impone anche a chi non avrebbe alcuna intenzione di dargli retta e che comunque non se lo aspetta. Per sua natura è un campanello d'allarme – c'è qualcosa che non va fuori di noi o c'è qualcosa che non va dentro di noi – e in ottemperanza a tale funzione deve per forza farsi notare. È una presenza in più, anche se a partire da un certo momento della vita non rappresenta certo un'esperienza nuova e inattesa.

Il dolore fisico procura fastidio, irritazione e sofferenza e ci mette quasi nella necessità di fare qualcosa. Come tutto ciò che va dal corpo all'io, ha il carattere di una comunicazione ma è essenzialmente finalizzato all'azione, presente e magari futura. Rompe un'indifferenza e un'insensibilità. A volte ci fa «scoprire» parti del corpo che non sapevamo di possedere. Ci sono muscoli, giunture e localizzazioni interne del nostro corpo che in condizioni normali non prendiamo minimamente in considerazione e che ci si palesano con maggiore o minore insistenza solo quando causano dolore.

Il male associato al dolore ha come contropartita il bene consistente nell'assenza di dolore, o meglio, nella scomparsa del dolore, anche se è opinabile che sia opportuno considerare il benessere fisico solo come assenza di dolore. Per raggiungere quello ci vuole qualcosa di più, ci vuole uno stato d'animo più costruttivo della semplice assenza di dolore, anche se è vero che per qualche tempo dopo che si è provato un dolore, specie se intenso, la semplice liberazione da quello ci dà un incredibile senso di sollievo.

Non tarderà però molto a farsi sentire qualche altro stimolo, anche se non necessariamente doloroso, che rompa questa atmosfera ovattata. Un po' di fame, di sete, stanchezza, sonno, desiderio di muoversi, di vedere qualcosa di specifico o semplicemente noia, si faranno prima o poi sentire.

Al di sotto di una certa intensità tali stimoli non danno alcun fastidio e costituiscono anzi il tessuto fondamentale della nostra vita e il sale dei nostri giorni, soprattutto se possono essere presto soddisfatti e quindi acquietati.

Se la sensazione diviene più intensa e se non si può fare niente per acquietarla, invece, le cose cambiano. Stimoli del genere possono allora assurgere al rango di dolori o quasi, anche se più ascrivibili a quelli di natura interna che a quelli di origine esterna e anche se la loro avvertibilità o addirittura intollerabilità dipende molto da una serie di altre circostanze e in definitiva da dove è puntato il riflettore interno della nostra attenzione. Tali stimoli, se molto intensi, hanno per lo più il carattere di una pienezza aggiuntiva e indesiderata piuttosto che di una carenza. Ciò gli deriva probabilmente dalla necessità di imporsi alla nostra attenzione e dal fatto che il nostro sistema nervoso, e la nostra mente, ci fanno vivere la sensazione di base come un'assenza di sensazioni interne, ottenuta tramite una leggera ma continua modificazione della soglia di percezione e il continuo « resettaggio », per così dire, del livello zero.

D'altra parte, in noi come in un qualsiasi animale il dolore ha una precisa finalità, quella di richiamare la nostra attenzione su un certo stato di cose. Esiste da una parte un dolore istantaneo o comunque di breve durata – per lo più esterno – che avverte che sta accadendo qualcosa che non va e che serve per la nostra incolumità, e dall'altra un dolore più prolungato e persistente che ci spinge a non utilizzare o a utilizzare con cautela una parte del nostro corpo che risulti dolente.

Nel primo caso veniamo avvisati che siamo in presenza di qualcosa di nocivo, perché appuntito, o acido o bollente, e perciò pericoloso. Bisogna immediatamente allontanarsi o almeno spostarsi. C'è poi un dolore più persistente, spesso di derivazione interna, che segnala comunque l'esistenza di un problema in qualche parte del nostro corpo. È causato in genere da un processo di tipo infiammatorio che si sviluppa nella regione che ha subito un danno per cause esterne o interne e che serve a raggiungere due finalità: creare in primo luogo le condizioni fisiologiche necessarie per la riparazione spontanea del danno presente nei tessuti in questione e secondariamente proteggere quella regione del corpo da fatiche e da nuovi traumi fisici ai quali potremmo sottoporla se non fossimo avvertiti appunto della presenza del problema. Può essere un dente che si fa sentire, un gonfiore, un'irritazione o un'infiammazione in qualche parte del corpo, una digestione difficile, una frattura nascosta o un'infezione.

La percezione del dolore fisico è talmente importante per la sopravvivenza e l'integrità fisica dell'organismo che esistono strutture biologiche specificamente dedicate a questo. Ci sono infatti nel corpo delle particolari terminazioni nervose, dette nocicettori, che rilevano gli stimoli dolorosi nelle diverse parti del corpo e li inviano al cervello sotto forma di segnali nervosi che percorrono apposite fibre nervose.

È molto interessante considerare come il nostro corpo si adoperi a varie riprese per controllare gli effetti del dolore. Lo può fare al livello dell'origine della percezione dolorosa, oppure nelle diverse tappe della sua trasmissione e infine al momento della registrazione della stessa a livello cerebrale, dove alla semplice percezione del dolore si affianca la sensazione dolorosa che è inevitabilmente intrisa di modalità affettive ed emotive.

Via via che si sale nella scala evolutiva, aumenta il ruolo giocato dalla corteccia cerebrale nel fenomeno dolore, così che nella percezione dello stesso intervengono molti fattori culturali e sociali. In effetti noi non esprimiamo né comunichiamo mai un dolore, ma una sofferenza, come dire la constatazione e la valutazione dell'effetto che un dolore ha sul nostro sistema nervoso e sulla nostra mente. Tale sofferenza può risentire di innumerevoli fattori che accrescono o leniscono il dolore, come il grado di attenzione, la motivazione, la memoria, l'aspettativa e l'anticipazione.

In ogni animale, insieme alla sensazione fisiologica vera e propria del dolore viaggia sempre, dalla periferia al centro e da questo eventualmente di nuovo alla periferia, una componente affettiva che dà un particolare colore emotivo alle diverse sensazioni penose. Se si considera la natura e la finalità della sensazione dolorosa, si può facilmente comprendere come questa abbia due volti, per quanto inscindibili.

Da una parte è necessario provare il dolore per esserne avvertiti ed eventualmente localizzarlo. Dall'altra occorre sentirne il fastidio e soppesarne l'entità allo scopo di mettere in atto eventuali contromisure comportamentali immediate e memorizzarle per future evenienze.

Finalizzata al primo obiettivo c'è una componente cosiddetta « sensoriale-discriminativa » che ci permette di avvertire, analizzare e localizzare il dolore, mentre per ottemperare alla seconda necessità è presente poi una componente « affettivo-motivazionale » che ci scuote, richiama la nostra attenzione e ci spinge, e quasi costringe, a cercare di porvi termine.

Tutto ciò cospira a fare del dolore la più gerarchica e gerarchizzante delle nostre sensazioni corporee: il dolore maggiore mette in ombra e quasi sopprime il dolore minore nonché ogni altra sensazione o stato d'animo concomitante. Questi tornano poi puntualmente a farsi sentire appena il dolore maggiore si è attenuato o è scomparso, come possiamo notare quasi ogni giorno direttamente su noi stessi.

Le due componenti appena ricordate viaggiano lungo vie nervose differenti. Lungo il midollo spinale e all'interno della stazione nervosa intermedia rappresentata dal talamo, le due componenti della sensazione dolorosa vengono trasmesse per vie separate, finché non giungono, distinte, alla corteccia cerebrale. Qua il loro destino è assai diverso: la componente sensoriale confluisce nella corteccia somatosensoriale, dove viene analizzata e riferita alla sua particolare localizzazione corporea di partenza – braccio, gamba, spalla e simili – mentre la componente affettiva finisce nel cosiddetto sistema limbico, il principale complesso corticale che registra le emozioni, qualunque sia la loro origine, e dà luogo alla loro elaborazione.

C'è un'interessante differenza fra la struttura della corteccia somatosensoriale, dove confluisce la componente sensoriale, e quella della regione del cingolo, dove finirà per confluire la componente affettiva, nel sistema limbico. I campi recettivi della prima sono piuttosto piccoli e permettono la precisa localizzazione della sede corporea da cui deriva il dolore; quelli della seconda, al contrario, sono ampi e corrispondono più o meno all'intero corpo.

Si ha a che fare così con una precisa discriminazione e grande dettaglio da una parte e con una percezione diffusa e integrata dall'altra, in concordanza con la natura intrinsecamente qualitativa degli aspetti emotivi, contrapposta a quella più dettagliata e quantitativa di gran parte dell'informazione di altro genere che circola nel sistema nervoso.

Il discorso si potrebbe forse anche ampliare. Il contrasto precisione e quantità contro qualità e complessività, o se si preferisce dettaglio/impressione, è uno dei più appassionanti tra quelli che riguardano la nostra mente. Più avanti cercheremo di delimitare e delineare il fenomeno razionalità, che certamente designa uno spazio molto angusto della nostra psiche, e poterne far risalire gli elementi fondanti a processi così elementari potrebbe essere assai promettente, se non affascinante. Certo, sentimento e ragione, pur così interconnessi fra di loro, sono due manifestazioni molto diverse della nostra interiorità.

Non deve tuttavia trarre in inganno il fatto che le due componenti del dolore viaggino separatamente e approdino in prima battuta a regioni corticali diverse. Una volta entrato nella corteccia, tutto si mischia, si confronta e si confonde, soprattutto negli esseri umani, dotati, come è noto, di una corteccia cerebrale enorme e supremamente interconnessa, contenente una vasta regione anteriore – la corteccia frontale o prefrontale – libera da compiti fisiologici specifici e quindi sede di tutte le « associazioni » e di tutte le sottili « interferenze » che fanno di noi quello che siamo.

In questo contesto la sensazione più specificamente dolorosa e la sua connotazione affettiva possono mischiarsi e confondersi fra di loro per poi confrontarsi con i contenuti della corteccia stessa, sia che si tratti di memorizzazioni di cognizioni e di fatti, come pure di ricordi più propriamente emotivi, derivanti dalla registrazione delle componenti affettive di precedenti esperienze.

Fondamentale a questo proposito è anche il confronto della sensazione effettivamente provata con le aspettative delle quali era circondata sulla base di tali contenuti di memoria. È in sede corticale, e più propriamente frontale, che alle due componenti già nominate della sensazione dolorifica se ne aggiunge così ancora una terza: quella che possiamo definire « cognitivo-valutativa ».

Ogni dolore viene allora interpretato e rimodellato sulla

base di elementi culturali e di condizionamenti derivanti dall'educazione o da esperienze emotive personali, e può essere ingigantito o al contrario minimizzato. Un dolore può così non essere avvertito affatto oppure avvertito con una intensità e una localizzazione diverse da quelle sue proprie. Un dolore può essere infine anche inventato di sana pianta, temporaneamente o in maniera permanente. Tutto ciò è sempre più rilevante via via che si sale nella scala evolutiva e si giunge all'uomo. In noi, infatti, il dolore fisico può anche non essere di natura organica e avere una causa interamente psichica.

Veniamo adesso al dolore psichico. In primo luogo, qual è il rapporto fra la sofferenza per un male fisico e quella per un dolore psichico? Ha senso chiamare entrambi « dolore » e affermare che entrambi causano una sofferenza? Per certi versi non c'è dubbio. Alcune delle aree cerebrali che si attivano quando si prova un dolore fisico si attivano anche in presenza di un forte dolore psichico e spesso anche i sintomi somatici sono molto simili. Si può provare « una fitta al cuore » per un grosso dispiacere e talvolta giungere a sentire il cuore stesso come trapassato da un ferro rovente per un dispiacere ancora più grande.

È interessante notare come molti di questi sintomi siano avvertibili nelle regioni pericardiche, dove si percepisce direttamente l'effetto dell'accelerazione improvvisa del battito cardiaco, al punto che nel linguaggio di tutti i giorni « il cuore » è divenuto il « luogo » dell'emotività per antonomasia. La sua localizzazione immediata è particolare e relativamente ristretta, ma il dolore psichico, o meglio le sue conseguenze, sono avvertibili in tutto il corpo e possono influenzarne lo stato complessivo.

Anche il dolore psichico, almeno nella sua forma di dispiacere per una perdita o per un fallimento, ha all'origine una funzione di allarme e di spinta verso un cambiamento. Occorre anche in questo caso fare qualcosa, anche se non è sempre facile individuare che cosa. Così come nel caso del dolore fisico, un dolore psichico troppo grosso e troppo prolungato può condurre alla morte o anche semplicemente predisporci alla sua accettazione. Insomma, la psiche può «dolere», così come un dolore fisico può avere una forte componente psichica.

Non tutte le segnalazioni provenienti dal corpo, che si tratti di un messaggio che ci giunge dai sensi o dal richiamo di qualche nostro ricordo, sono negative e non sempre si tratta di qualcosa da evitare, o almeno da evitare indiscriminatamente. Tutt'altro. In ciascun caso però si ha un doppio canale di informazione: si hanno contenuti specifici utilizzabili per un'eventuale azione e si ha una sorta di «commentario» degli eventi comunicati, una valutazione globale in termini di convenienza o non convenienza per il soggetto stesso, che ha lo scopo di prepararlo e di spingerlo all'azione.

I primi suggeriscono che cosa fare; i secondi dicono che bisogna farlo. I secondi veicolano di fatto l'aspetto emotivo dell'intera comunicazione e in definitiva dell'intero dialogo intrattenuto fra il corpo e il Sé. In alcuni casi la componente emotiva non è particolarmente rilevante, in altri è predominante e quasi esclusiva. Si parla allora apertamente di emozione.

Le emozioni

E veniamo alle emozioni, la parte fondamentale della nostra vita, che lo vogliamo o no. Ciò che occupa la nostra mente e il nostro corpo per tutte le giornate della nostra vita. Ciò che sembra disturbare la rettilineità del nostro vivere, ma che ne costituisce in realtà il tema essenziale, con la melodia, l'accompagnamento e il basso continuo. Se il nostro comportamento, e il nostro umore, sono sotto la regia superiore dei bisogni fondamentali, della positività delle spinte motivazionali e della negatività del dolore, il quotidiano è suggerito se non dettato di volta in volta dalle emozioni, con la loro colorazione a volte positiva a volte negativa e il più delle volte non così chiaramente definibile.

È proprio questa loro ordinariamente non chiara definibilità che ci oscura il vero significato delle emozioni e ci fa perdere di vista il loro vero ruolo. Ma non ci si deve far trarre in inganno, come l'apparente continuità e solidità della materia che ci circonda non può illuderci sulla sua vera consistenza, che è discontinua e granulare, fino al livello delle molecole e degli ioni. Le emozioni, anche le emozioni, sono lì per un motivo. Vediamo.

Se sento che sta per partire un treno al quale non sono direttamente interessato presterò poca attenzione, anche se magari registro meccanicamente quello che l'altoparlante sta dicendo. Se sento invece che è in partenza proprio il treno che devo prendere io, mi agiterò e proverò un'emozione più o meno intensa. Sullo stesso piano, se in un articolo che sto leggendo mi imbatto inaspettatamente nel mio nome, proverò una sensazione particolare, più o meno intensa a seconda del contesto. In entrambi i casi è presente nella mia percezione un aspetto comunicativo e cognitivo accompagnato da una risonanza emotiva. Quest'ultima può essere poco rilevante, abbastanza rilevante o addirittura predominante. Quando la componente emotiva è predominante e pervasiva si parla appunto di emozione *tout court*.

Che cos'è un'emozione? È uno stato alterato del corpo e quindi della mente, associato all'imminenza di qualcosa da fuggire o da perseguire. Questo stato varia in intensità – proporzionata all'urgenza di fuggire o perseguire la cosa in questione – e in durata, e quindi può essere più o meno scopertamente avvertito; investe effettori biologici di diversa natura e localizzazione; quindi ricade in una « tavolozza » di emozioni; e risente marcatamente delle esperienze precedenti e quindi di una certa « educazione sentimentale ».

Tutti sanno che cos'è un'emozione e tutti hanno in proposito un repertorio quasi illimitato di ricordi, aneddoti e notazioni in prima persona o filtrati dalla prima persona, ma darne una definizione accettabile e metterne a fuoco la natura è un'altra cosa. Come nel caso del dolore si tratta di un dialogo, intimo e più o meno serrato, tra il corpo e il nostro io: istante per istante, da quello arrivano a questo informazioni che sono anche valutazioni e che spesso prendono la forma di un'ingiunzione. Il nostro io partecipa di tutto questo e interloquisce a sua volta, direttamente o indirettamente, dialogando con i vari distretti del corpo vivente.

Può essere interessante a questo punto tracciare un parallelo con il dolore fisico. Questo nasce nel corpo e dal corpo e viaggia verso il cervello dal quale viene eventualmente riconosciuto. Se questo accade, e mentre accade, l'organismo avrà probabilmente una varietà di manifestazioni corporee, compierà qualche azione concomitante e magari si lamenterà. Se l'organismo non è umano o si tratta di un essere umano diverso da me, la storia finisce qui. Se si tratta di me, io proverò anche una corrispondente viva sofferenza. Tutto questo è ciò che chiamiamo dolore, anche se si manifesta ai livelli più diversi e si rivela in una varietà di maniere. Non ha alcun senso insomma chiamare dolore una sola di queste manifestazioni. Lo stesso vale per le emozioni, con l'ulteriore complicazione che di emozioni ne esiste un certo numero e una certa varietà.

Che cos'è allora un'emozione? Innanzitutto è un movimento somatico interno – *e-mozione* – scatenato da qualcosa di visto, di sentito o anche solo di pensato. Tale movimento ha in genere il carattere di un'aumentata reattività ed è suscitato in prima battuta dal sistema nervoso autonomo, eventualmente e secondariamente accompagnato da un intervento del sistema nervoso centrale e di quello endocrino.

A tale movimento interno può corrispondere un visibile stato di agitazione, una serie di movimenti somatici tra i quali spicca l'atteggiarsi del volto a una particolare espressione e il predisporsi di tutta la persona al compimento di una serie di azioni, le quali possono poi seguire o non seguire. Queste azioni possono essere nella direzione di un'accettazione, più o meno entusiastica, o di un evitamento dello stato di cose che ha scatenato l'evento emozionale. Un essere umano può anche dichiarare un suo stato d'animo concomitante, stato d'animo che posso vivere direttamente se si tratta di me. Tutto questo, e niente di meno, è ciò che chiamiamo emozione. La potenzialità di provare emozioni e il ricordo di quelle effettivamente provate costituisce poi la nostra emotività.

Un'emozione ci smuove, ci muove e ci commuove. Ci offre una carica motivazionale immediata e spesso irrecusabile che si va ad aggiungere a tutte le altre per costituire il monte delle motivazioni che ci fanno vivere. La sua natura primaria è innata e incoercibile, anche se esistono moltissime opportunità per imbrigliarla e controllarla, soprattutto in noi esseri umani. La finalità è quella di prepararci a un'azione, avente lo scopo di favorire o di fuggire un certo stato di cose. Vi è quindi ordinariamente implicato un elemento valutativo, che può spesso essere rilevato e magari memorizzato per il futuro.

Tale elemento può però anche restare nella penombra, sopraffatto dall'entità della carica energetica associata. Diverse volte infatti non sappiamo dire se una cosa che ci è capitata ci ha fatto piacere o dispiacere e questa è la base del fenomeno dell'ambivalenza, che ci fa volere e non volere allo stesso tempo una cosa. Anche in questo caso il valore della carica motivazionale è superiore all'importanza della valutazione. Ma *in nuce* l'elemento valutativo c'è sempre, come ci sono sempre l'elemento di richiamo a uno stato di pronunciata vigilanza e una certa carica motivazionale.

Come il dolore, anche l'emozione ha un cuore antico. La reazione di un lombrico che, urtato, si appallottola o quella di una *Aplysia*, una lumaca di mare molto studiata negli ultimi decenni, che, spaventata, ritira il suo sifone e schizza inchiostro hanno già tutti i caratteri di un'emozione, anche se ammetterlo ci piace poco.

L'emozione è parte di uno schema comportamentale innato finalizzato alla gestione ottimale dell'esistenza. Nel caso nostro a tale schema irriflesso si aggiunge spesso una forte componente cosciente. Dal momento che siamo partiti dalle considerazioni sul dolore per introdurre il discorso sulle emozioni, sembra opportuno a questo punto mettere in luce le somiglianze esistenti fra i due fenomeni, come pure le differenze intercorrenti.

Un elemento comune fondamentale è senza dubbio la molteplicità dei livelli di espressione, tanto del dolore fisico quanto di un'emozione. Non ha senso prendere in considerazione un solo livello, anche se è ciò che ci viene più naturale fare. In entrambi i casi c'è una causa prima o almeno un elemento scatenante. Spesso questo può soltanto essere ricostruito, perché il *primum movens* è sempre e soltanto fisiologico: tanto il dolore quanto un'emozione nascono nel corpo e non sono niente al di fuori di esso. « In sé non esiste dolore », dice al proposito Nietzsche. « Non è la ferita che fa male. »

L'evento fisiologico iniziale comprende elementi molecolari, cellulari e circuitali e coinvolge vari sistemi somatici fra i quali certamente quello nervoso a tutti i suoi livelli. Nonostante la pluralità di tali coinvolgimenti, l'evento fisiologico iniziale è istantaneo e inconsapevole. A questo seguono quasi sempre molte altre cose: una presa di coscienza, una valutazione emotiva, un'elaborazione mentale e lo sviluppo di una serie di azioni. Altri elementi comuni sono la perentorietà del fenomeno, che non può passare inosservato, e la sua finalizzazione alla messa in atto di una serie di comportamenti, per quanto complessi e a volte difficili da mettere in risalto, come pure al compimento di una o più azioni.

Esistono però anche notevoli differenze, a un livello fenomenologico come a quello anatomo-funzionale. Innanzitutto il dolore fisico parte per lo più dal corpo, tanto che si tratti della sua superficie esterna quanto di specifici distretti interni. L'emozione può invece partire ovviamente da un qualcosa di percepito tramite i sensi, ma anche da uno stato interno conseguente a un evento mentale: un ricordo, un'associazione, una rievocazione, l'anticipazione di qualcosa che ci attende, a livello conscio o quasi conscio.

In secondo luogo, la reazione alla comparsa di un dolore fisico è in genere invariabilmente negativa, nei suoi aspetti comportamentali e nel vissuto che lo accompagna. Anzi, possiamo dire che il dolore fissa i termini del negativo: qualcosa che non va, che non si può assolutamente accettare e del quale ci dobbiamo liberare il prima possibile. Se è vero che esistono emozioni fortemente connotate al negativo e che uno stato emozionale è comunque una condizione di allerta, non c'è dubbio che le emozioni hanno una grande varietà di valenze, positive e negative, spesso anche molto ben accette, quando non avidamente cercate.

Un'emozione, alla stessa stregua del dolore, è essenzialmente un avvertimento e spesso una messa in guardia. Se confrontiamo le condizioni di vita dell'uomo di oggi con quelle dei suoi antenati, non si può non rilevare quanto, in media, la sua vita sia meno ricca di imprevisti e di spaventi e ci sia quindi un minor bisogno di continui e perentori avvertimenti. Almeno nel mondo più civilizzato al quale apparteniamo ci sono meno eventi dei quali preoccuparsi e quindi meno occasioni di « sobbalzi » emotivi, almeno di un certo tipo.

Il risultato di tutto ciò è che qualcuno ha l'impressione che invalga una vita affettiva più povera e che ci sia una carenza di passionalità quotidiana. Chi giudica di non averne abbastanza, cerca emozioni, a volte addirittura « emozioni forti », nelle più svariate maniere. Ma anche chi conduce una vita pressoché normale, ricerca spesso emozioni, facendo il tifo per una squadra o magari andando a vedere un film dell'orrore. Siamo in sostanza assettati di emozioni, oggi forse più di ieri. È la dimostrazione, se ce ne fosse bisogno, dell'importanza delle emozioni, anche negative, e di quanto l'universo emotivo ci tenga vivi, ci solleciti e ci motivi. La nostra vita è abitualmente insomma una girandola di sensazioni emotive, per il bene e per il male.

Il vuoto emotivo, basato su elementi reali o causato da condizioni interne, toglie interesse all'esistenza e predispone alla depressione, che rappresenta probabilmente lo spettro della nostra epoca. La vita ci riserva oggi meno affanni e meno sorprese di ieri e molte meno di ieri l'altro. E noi per questo non siamo preparati. Siamo stati forgiati per affrontare i rischi e i contrattempi di un ambiente circostante ostile e infido, come tutti gli altri animali. Ma la nostra evoluzione culturale ci ha portato – forse temporaneamente – a un livello di buona sicurezza e prevedibilità. Solo che questo stato di cose non era stato previsto dalle diverse componenti del nostro patrimonio genetico, e noi ne paghiamo lo scotto a livello psicologico. È da ricercarsi probabilmente in questo fenomeno la causa di una continua esaltazione verbale dell'emotività che ci viene offerta oggi sempre più spesso e in maniera francamente fastidiosa. Una volta si esaltava la razionalità, almeno in pubblico, oggi si esalta l'emozione e la sua quasi affannosa ricerca.

È proprio la grande varietà e vivacità di contenuti emotivi che ci dà il sapore quotidiano della vita e che in definitiva ci fa vivere. Soprattutto per noi esseri umani, più che di emozioni singole ha senso parlare di vita emotiva. La nostra psiche è infatti costantemente immersa in un « bagno emozionale », nel quale in condizioni normali è assai difficile distinguere emozioni singole, che qualcuno ha chiamato opportunamente « episodio emozionale ». Ciò è dovuto a diversi fattori. In primo luogo la vastità del nostro mondo interiore, creato e mantenuto dalla grande ampiezza della nostra memoria che ci permette di confrontare tra di loro eventi diversi, accaduti in tempi diversi e su diversi piani di realtà: eventi reali, raccontati, letti, visti sui media, immaginati, progettati e via discorrendo. L'occhio della nostra mente non ha posa, ma è come il cerchio di luce di un riflettore che spazza in continuazione gli ambienti più diversi in un'illusione di eterno presente prodotta dall'azione incessante della nostra corteccia cerebrale che ci dispiega e ci spiega tutto con continuità, ragionevolezza e buona coerenza.

Il dischiudersi di questo vasto orizzonte interiore ci spinge inoltre, anche se non tutti e non sempre, all'ascolto di noi stessi. Noi abbiamo un'altissima capacità di ascolto del nostro mondo interiore, forse oggi ancora più di ieri. Ciò ci rende difficile discernere le varie componenti emotive fondamentali, fuse e confuse in questo *mare magnum* di interiorità quotidiana – commentato da tutti a ogni angolo di strada e quasi mai sondato in profondità – che ricorda « quel guazzabuglio del cuore umano » di manzoniana memoria.

Ciononostante, è possibile distinguere un certo numero di emozioni diverse, dalla più gratificante alla più intollerabile. Individuare ed elencare tutti i tipi di emozione non è un compito facile. Tutto sta nel decidere di quale livello ci vogliamo occupare e quale parametro vogliamo scegliere. Una soluzione è anche quella di riferirsi all'espressione esteriore delle emozioni stesse. In questa ottica c'è un certo consenso sul fatto che le emozioni fondamentali siano sei: rabbia, paura, disgusto, felicità, tristezza e sorpresa, cui qualcuno aggiunge anche l'espressione del disprezzo. Queste sei (o sette) sembrano essere le fondamentali, quelle presenti e più o meno facilmente riconoscibili negli individui di tutte le culture.

C'è stata qualche discussione sul fatto che l'espressione di queste emozioni sia assolutamente spontanea e connaturata con ogni essere umano. La risposta sembra sostanzialmente positiva, ma si è notata una certa oscillazione nella produzione e nell'interpretazione di molte di queste espressioni a seconda delle culture e dei contesti sociali. Al punto che si è considerata l'ipotesi che oltre a essere espressioni di stati d'animo interni, in molti casi esse non possano costituire anche una sorta di comunicazione sociale silenziosa, un modo per trasmettere agli altri un nostro stato emotivo, positivo o negativo, e provocare così un qualche tipo di reazione negli astanti. Si tratterebbe quindi di segnali sociali oltre che di un'espressione spontanea di stati d'animo, anche se non si può non notare che queste due funzioni possono essere distinte solo con grande difficoltà da un punto di vista evolutivo e adattivo generale: in ogni caso devo infatti fare i conti con me stesso e nello stesso tempo con gli altri.

Un'altra osservazione che si può fare a proposito di questa lista riguarda l'inclusione della felicità nelle emozioni fondamentali. Non c'è dubbio che al livello dell'espressione lo stato di contentezza o di felicità è tra i più evidenti e chiaramente manifestati, ma è dubbio che si possa considerare la felicità come una semplice emozione. Troppo complesso e variegato è il clima psicologico che corrisponde alla designazione di felicità per poterlo liquidare come un semplice stato emozionale. Ci ritorneremo più avanti in sede di consuntivo e conclusione.

All'interno di ciascuna delle categorie fondamentali appena riportate ci può essere tutta una serie di gradazioni, ma se consideriamo queste come le emozioni fondamentali o elementari, si può ritenere che ogni stato emotivo sia una loro combinazione. Una buona misura dell'intensità dello stato emotivo si può avere controllando alcuni parametri fisiologici dei soggetti in questione. È noto infatti che uno stato emotivo è ordinariamente accompagnato da fenomeni somatici indicativi di uno stato generale di eccitazione, come l'aumento del battito cardiaco – che si avverte proprio nella regione pericardica, generando la familiare sensazione di « batticuore » – la sudorazione, la congestione o il pallore del volto, il tutto collegato con un maggiore o minore coinvolgimento viscerale.

Questo ci porta direttamente alla considerazione delle differenze anatomo-fisiologiche fra il dolore fisico e l'emozione. Un grosso dolore può vedere anche il coinvolgimento del sistema motorio viscerale, ma questo accade relativamente di rado. Un tale coinvolgimento è invece invariabilmente presente in un'esperienza emotiva. Qualunque sia il motivo che l'ha scatenata, un'emozione tira in ballo il sistema nervoso autonomo, soprattutto nei suoi aspetti motori, e la « commozione » viscerale finisce per diventare un sintomo essenziale e un segnale costitutivo dell'esperienza emotiva stessa. Non c'è emozione senza batticuore e non c'è grosso coinvolgimento emotivo senza « sudorini » e « gola secca ».

È il nostro sistema nervoso autonomo che si fa sentire e impone uno stato di cose che ci trascende e che spesso ci imbarazza o ci induce a rammaricarci. Molte volte faremmo volentieri a meno di questa coorte di sintomi somatici – mirabilmente delineati da Saffo in una sua famosa lirica: « un fuoco / sottile d'un tratto per la pelle mi serpeggia; / con gli occhi non riesco a vedere, rimandano / un rimbombo gli orecchi, / freddo sudore per tutto si spande, / un fremito mi coglie e più livida / dell'erba riarsa mi faccio, da morte ormai / poco lontana » – ma ciò è, in generale, fuori della nostra portata. Il sistema nervoso autonomo, o viscerale, è lì proprio per intervenire in questi momenti.

Il ruolo del sistema nervoso autonomo è quello di creare il « clima interno » migliore per affrontare le situazioni esterne che ci si presentano di volta in volta, dalle più tranquille alle più impegnative. Se il sistema nervoso centrale è il mediatore delle azioni che compiamo in risposta alle sollecitazioni delle cose che ci succedono, il sistema autonomo serve a « prepararci » alla messa in atto di queste azioni, regolando lo stato complessivo del nostro corpo attraverso il controllo dello stato di « tensione » o di « rilassamento » dei vari organi interni, primi fra tutti il cuore e il sistema circolatorio nel suo complesso.

È questo, tra l'altro, il motivo principale per il quale sentiamo le emozioni forti con il cuore, che si tratti di un sobbalzo o di una stretta. Il cuore insomma, o meglio la regione intorno a esso, è la « spia » principale di tali sommovimenti emotivi. Per ogni stato emotivo di un certo rilievo c'è in sostanza una preparazione del corpo ad affrontare la situazione, cui farà seguito poi una sorta di smobilitazione. Tanto il « richiamo alle armi » quanto la smobilitazione devono essere minuziosamente controllati e a questo provvede il sistema nervoso autonomo con la sua attività.

Occorre dire per completezza che se nell'immediato il sistema autonomo è puntuale, veloce ed efficace, deve tuttavia anche rispondere a più lungo termine alle sollecitazioni che derivano dal sistema composto dalla ghiandola ipofisi e dall'ipotalamo, e detto perciò asse ipotalamo-ipofisario, che riversa nel torrente sanguigno le sostanze di volta in volta più opportune per assicurare la costanza dell'ambiente interno qualunque cosa succeda. Gli interventi istantanei del sistema nervoso autonomo, di concerto con quelli più lenti ma più sistematici e duraturi dell'asse ipotalamo-ipofisario, mirano a mantenere sempre e comunque uno stato interno accettabile per il corpo, sia in momenti di eccitazione che in momenti di stanca. Per ottenere questo risultato non è però sempre sufficiente agire soltanto all'interno del corpo. Di quando in quando occorre che quest'ultimo si muova e compia anche delle azioni, come coprirsi se si ha freddo o mangiare se si ha fame.

Nelle *Leggi* Platone paragona gli uomini a marionette

« costruite dagli dei o per gioco o per uno scopo serio, questo non lo sappiamo », e mosse da una varietà di cordicelle, che sarebbero nient'altro che le passioni, assegnabili a due motivi principali: la ricerca del piacere e la fuga dal dolore. Oltre a queste corde emotive che tirano l'uomo in tutte le direzioni, sballottandolo di qua e di là, c'è poi la corda d'oro della ragione che « mite e non violenta qual è » ha la funzione di controllare, quando riesce, la nostra risposta a tutte le altre.

L'immagine dell'uomo sballottato qua e là dalle passioni è una metafora potente che ha avuto grande fortuna nella letteratura. E la nostra ragione è stata sempre indicata come l'unico correttivo, se non il rimedio definitivo, per questo stato di cose. Non c'è dubbio che osservando da vicino i diversi comportamenti individuali non è possibile che concludere in maniera simile. È opportuno però fare un'ulteriore riflessione sul ruolo delle emozioni nel quadro della nostra vita in generale. Qualcuno ha fatto notare che la spinta emozionale e più in generale irrazionale è una risorsa importante anche in connessione con la necessità di prendere una sollecita decisione tutte le volte che si è posti davanti a una scelta.

Se è vero che alcune decisioni vanno prese utilizzando il più possibile la razionalità, soprattutto se non c'è fretta e se si tratta di scelte da ponderare, esistono nella vita di tutti noi anche moltissime situazioni che richiedono di prendere prontamente una decisione, o comunque di prendere una decisione quale che essa sia. In certi casi decidere razionalmente se è meglio prendere una decisione oppure un'altra è quasi impossibile oppure richiederebbe tempi lunghissimi.

È il caso del famoso asino di Buridano che davanti a due sacchi di biada, posti uno a destra e uno a sinistra, ugualmente distanti e ugualmente appetitosi, si paralizzerebbe e morirebbe di fame, perché non saprebbe cosa scegliere. In molte circostanze ci siamo tutti trovati nell'impossibilità di fare una scelta su una base puramente razionale e spesso abbiamo deciso «per istinto», seguendo, magari precipitosamente, un criterio emotivo.

Si direbbe anzi che le decisioni più importanti – quale facoltà universitaria scegliere, accettare o non accettare una proposta di lavoro, andare o non andare in una certa città, sposarsi o non sposarsi in attesa di una situazione economica sicura e via discorrendo – sono ordinariamente prese su una base del genere, magari dopo una riflessione durata giorni o mesi e caratterizzata da grandi tentennamenti e frequenti ripensamenti. Ancor più comuni sono le situazioni nelle quali si deve accettare o meno l'invito implicito di una ragazza o di un ragazzo, andare a un certo appuntamento, fare una certa telefonata e decidere che cosa dire al momento opportuno.

Sono tutte situazioni quotidiane nelle quali decidiamo in fretta su una base emotiva e sarebbe difficile sostituire in molte circostanze una decisione del genere con una puramente razionale. Per non parlare poi di situazioni di pericolo o anche solo di possibile pericolo, nelle quali la spinta delle emozioni ci soccorre nel farci prendere una risoluzione spedita. Questa può essere contrastata o annullata in un secondo momento dall'intervento della ragione, ma è stata comunque presa con prontezza e forse ci ha salvato la vita... È utile insomma che la «corda aurea» della ragione sia lì sempre pronta a intervenire e a temperare i moti dell'animo, ma dobbiamo alle emozioni la prontezza, l'efficienza e anche l'eventuale originalità e creatività di molte nostre scelte, innocue e meno innocue.

Un'emozione si sente prima di tutto nel corpo, ma questa reazione fisiologica deve essere suscitata e controllata. Deve essere suscitata, perché il sistema nervoso autonomo non si affaccia direttamente sul mondo. Devono esserci eventi sensoriali quindi, o il richiamo alla mente di qualche ricordo o di qualche riflessione, a iniziare l'intero processo e sappiamo bene quanto le percezioni di qualsiasi tipo siano a loro volta mediate dall'azione, propulsiva o frenante, del sistema nervoso centrale, se non della coscienza vera e propria. Una stessa frase può lasciare completamente indifferente una persona oppure coinvolgerla profondamente, nella direzione di un'approvazione entusiastica o di una disapprovazione viscerale. Ciò deriva dalle convinzioni delle diverse persone e dal valore che queste assegnano al contenuto della frase stessa.

Alla vista di un serpente abbiamo quasi tutti un moto di spavento, come la maggior parte degli animali superiori, ma l'entità di questo moto può variare molto da persona a persona e da una fase all'altra della vita della stessa persona. Ciò è dovuto a quello che ciascuno di noi sa e ricorda. C'è anche qui un'interferenza con la sfera cognitiva, e quindi culturale in senso lato, ma c'è anche un'interazione con la sfera emotiva superiore, dotata di una sua propria memoria, che costituisce l'ultima istanza di controllo delle emozioni, e che risiede nel cosiddetto sistema limbico, cui abbiamo già accennato in precedenza. Il sistema limbico è un complesso di strutture cerebrali strettamente interconnesse tra loro che riteniamo da tempo responsabili del controllo delle emozioni.

I componenti classici del sistema limbico sono rappresentati da diverse strutture corticali che si trovano nella parte più interna del cervello e che circondano il corpo calloso, la struttura che connette i due emisferi e che fa da ponte fra essi. Tra questi componenti del sistema limbico figurano l'ippocampo e la corteccia cingolata. Un posto sempre più rilevante nell'elaborazione e nel controllo delle emozioni si ritiene lo occupi l'amigdala, che comunica da una parte con l'ipotalamo e dall'altra con diverse regioni della corteccia frontale, fra le quali spicca quella cosiddetta orbitofrontale. Quasi tutti gli stimoli che ci vengono dai sensi afferiscono all'amigdala e molte istanze emotive passano per questa struttura che ne costituisce una sorta di centro di prima elaborazione, mediata dal confronto con i contenuti di una sua propria memoria emotiva.

Molti studi sono stati condotti sulla paura, un'emozione fondamentale, facile da indurre e da studiare. L'amigdala si è dimostrata essenziale negli animali da laboratorio per conservare il ricordo delle circostanze pericolose o comunque spiacevoli e in noi uomini anche per il riconoscimento dei volti spaventati o allarmati. Difetti più o meno estesi all'amigdala eliminano la reazione ai pericoli, soprattutto a quei pericoli che sono stati oggetto di apprendimento, come se con essa scomparisse la sensazione di paura e il suo ricordo. Da qui l'immagine dell'amigdala come sede della « memoria emotiva ». Al presentarsi di ogni nuova esperienza alcune parti dell'amigdala registrano una valutazione positiva oppure negativa dell'accaduto e queste valutazioni sono conservate, almeno fino a un nuovo apprendimento.

Lavorando con gli animali da laboratorio si può fare in modo di trasformare un'esperienza positiva in una negativa e viceversa, ricondizionandoli a questo nuovo schema di valutazioni. Si è visto così che l'amigdala « impara » velocemente e cambia le sue valutazioni, aggiornandosi continuamente. Ha quindi tutte le caratteristiche di un sistema di memoria e di apprendimento, apprendimento di qualità e di sfumature emotive più che di contenuti cognitivi che vengono invece immagazzinati grazie all'operato di un'altra struttura cerebrale, l'ippocampo.

Sembra che l'amigdala e l'ippocampo costituiscano insieme la struttura fondamentale per l'apprendimento, tanto dei contenuti cognitivi che di quelli emotivi, nei limiti in cui questa distinzione ha senso.

Al presentarsi di uno stimolo sensoriale che può generare spavento, l'amigdala consulta il proprio archivio di memorie e decide in tempi brevissimi se il corpo deve o non deve mettersi in allarme. Se ritiene di sì, manda un segnale all'ipotalamo che mette tutto il corpo in allerta, tanto internamente quanto esternamente. Dopo poche frazioni di secondo dalla presentazione dello stimolo che spaventa, il corpo è in condizione di prendere una risoluzione, che può essere la fuga, il combattimento o anche solo la minaccia. Comunque ci sarà una reazione.

Questo circuito neurale veloce « sensi-amigdala-ipotalamo-reazione » predomina negli animali inferiori e opera anche nei superiori per generare una prima tendenziale reazione a un pericolo impellente. Via via che si sale nella scala evolutiva si osserva la progressiva affermazione di un altro circuito neurale che si affianca a questo e che comprende però anche alcune regioni della corteccia cerebrale.

Accanto a una cosiddetta « via bassa » o talamica esiste quindi una « via alta » o corticale che connette gli stimoli alle reazioni corrispondenti, e che coinvolge anche elaborazioni superiori, cioè corticali, dello stimolo percepito. È inutile dire che negli esseri umani sono presenti entrambe le vie, ma che quella alta finisce quasi sempre per imporsi. Possiamo pensare che l'amigdala faccia sempre e comunque una proposta e che la corteccia la vagli, confrontandola con il proprio schedario di ricordi e di associazioni, per poi convalidarla o bloccarla.

Così noi possiamo non sussultare alla vista di un serpente o di un ragno, o anche di una pistola puntata contro di noi, se « sappiamo » che non sussiste una vera condizione di pericolo. Così un pompiere può decidere di entrare in un appartamento in fiamme o di calarsi sulla superficie di un fiume in piena, tutte azioni sostanzialmente improponibili per un animale, perché vanno contro l'istinto e contro buona parte dell'apprendimento emotivo. Il sussulto alla vista di un serpente o del fuoco è un prodotto dell'istinto, il suo superamento è una dimostrazione dell'entità dell'elaborazione delle spinte istintuali che noi riusciamo a mettere in pratica.

Un fenomeno del genere è un esempio tangibile dell'azione della nostra corteccia cerebrale che ha per così dire progressivamente « colonizzato » quasi tutte le altre funzioni cerebrali, in modo che non esiste praticamente nulla in noi che non passi per il suo controllo, anche se in molti casi questo potrebbe tranquillamente accadere, e negli altri animali effettivamente accade. Quando nei millenni la corteccia si è progressivamente sviluppata e si è sempre più estesa in larghezza fino a rivestire tutto il nostro cervello, si è trovata a operare in presenza di molte altre strutture cerebrali già esistenti che stavano svolgendo il loro lavoro da milioni e milioni di anni.

La cosa più semplice sarebbe stata quella di lasciare che tutte queste strutture continuassero a funzionare come avevano sempre fatto e di limitarsi ad aggiungere alla loro azione quella di una struttura nuova, la corteccia appunto. Ma non è stato proprio così e molto probabilmente non sarebbe stato neppure possibile che fosse così.

Quello che è successo è che ciascuna struttura, pur mantenendo una sua relativa autonomia, ha stabilito contatti molto forti con il nuovo arrivato e gli ha ceduto parte delle sue prerogative. Nessuna vecchia struttura è scomparsa e non ha neppure cambiato mestiere, ma si è consegnata e vincolata alle decisioni della corteccia stessa. Questa controlla l'operato di tutte le vecchie strutture, le mette in contatto fra di loro e orchestra il loro dialogo, riservandosi comunque sempre il privilegio dell'ultima parola. La corteccia cerebrale umana non fa soltanto ciò che abbiamo appena detto, ma di certo questo tipo di azione rappresenta una parte importante del suo operato.

Per molte cose che nascono « dal basso » la corteccia esercita una funzione di veto o comunque di freno. Abbiamo visto che le motivazioni animali fondamentali, primo fra tutti l'istinto di sopravvivenza, partono dal corpo ed esercitano una funzione propulsiva che la corteccia può modulare e incanalare. Nei riguardi di queste, la corteccia esercita un ruolo di controllo diretto, di bonaria sorveglianza o di disciplinamento, ma non ci possiamo aspettare che funga da loro sorgente, anche se altre motivazioni più sottili partono direttamente da lei e dal suo libero associare.

Accanto alle motivazioni esistono poi gli istinti, quegli schemi più o meno automatici di comportamento da mettere in atto nelle diverse circostanze della vita, che riteniamo guidino quasi incondizionati l'attività degli animali. Un animale « sa » sempre come comportarsi perché guidato dall'istinto, cioè da quel repertorio di comportamenti innati che vengono innescati da questa o quella circostanza della vita e che vengono messi in atto automaticamente e quasi senza bisogno di una presa di coscienza.

Se definiamo un istinto come un comportamento innato che non può essere assolutamente contrastato, noi uomini non abbiamo istinti; ma se lo definiamo come un comportamento innato potenziale, dotato di una sua propria carica motivazionale e di una sua forte capacità di imporsi, anche noi abbiamo istinti e secondo qualcuno anche in numero maggiore di quelli posseduti da qualsiasi altro animale. Come si vede è una questione di definizione, ma a noi uomini piace molto considerarci privi di istinti e c'è gente che una tale affermazione ce la ripete ogni giorno, in maggiore o minore buona fede.

Io non credo che non abbiamo istinti, penso solo che lo strapotere della nostra corteccia cerebrale la porti spessissimo a negoziare con questo o quell'istinto, con il risultato che spesso essi non sembrano nemmeno comparire. Non è che non abbiamo istinti, in sostanza, ma è che questi sono costretti quasi sempre a fare i conti con l'azione bloccante o inibente della corteccia e quello che osserviamo è sempre solo il risultato finale di tale negoziazione. Come capita, del resto, con ogni moto che viene dal profondo del nostro essere.

Le emozioni indotte da qualche evento esterno, le motivazioni o le spinte istintuali, vale a dire tutte le componenti del nostro mondo affettivo, passano probabilmente per l'amigdala o qualche struttura affine e correlata – anche se ciò è stato dimostrato rigorosamente solo per la paura, che è soltanto una fra le tante emozioni – e attraverso queste interagiscono con l'ipotalamo e il suo mondo e con le istanze superiori della corteccia.

Coloro che si occuparono a suo tempo del rapporto fra sistema limbico ed emozioni proposero che l'ipotalamo e il sistema nervoso autonomo sovrintendessero all'espressione dell'emozione stessa; la corteccia cingolata, una delle strutture appartenenti al sistema limbico, fornisse la sua sensazione interna; e la corteccia frontale la coloritura emotiva della sua percezione cosciente, influenzata anche dal complesso dei nostri ricordi.

Non diremmo oggi che le cose stanno esattamente così, ma pare opportuno distinguere, come abbiamo già fatto sopra, fra la sensazione, l'espressione e la percezione cosciente di un'emozione, anche se per il soggetto che la prova, un'emozione è tutte queste cose insieme, contemporaneamente e inscindibilmente. Come il dolore è per ciascuno di noi una cosa sola con la sua percezione, così l'emozione, qualsiasi emozione, è una cosa sola con la sua percezione.

Che cosa è quindi un'emozione? All'inizio di tutto questo discorso ne ho dato una definizione provvisoria, che le pagine successive dovrebbero aver chiarito e precisato. Proviamo quindi a ritornarci sopra. L'emozione è la registrazione di un movimento somatico interno provocato da qualcosa di visto, di sentito o anche solo di pensato. Tale movimento ha il carattere generale di un'aumentata reattività e a esso corrisponde di sovente un visibile stato di agitazione, una serie di movimenti somatici esterni, tra i quali spicca l'atteggiarsi del volto a una particolare espressione, e il predisporsi di tutta la persona al compimento di una serie di azioni, reali o potenziali.

Queste azioni possono essere nella direzione di un'accettazione o di un tentativo di evitare lo stato di cose che ha scatenato l'evento emozionante. A questo proposito occorre fare un discorso a parte sulle emozioni positive. Il fatto che abbiamo parlato prevalentemente di avvertimenti e di campanelli d'allarme non ci deve indurre a pensare che solo le emozioni negative, o semplicemente poco piacevoli, abbiano un ruolo nell'indirizzare nella maniera più appropriata la nostra condotta. Se delle sei emozioni fondamentali solo due, felicità e sorpresa, hanno una valenza sostanzialmente positiva, ciò non significa che gli episodi emozionali positivi non abbiano un loro ruolo.

Non siamo fatti solo di paure e inquietudine, ma anche di aspettative e di attese positive. Le emozioni positive ci preparano alla vita come quelle negative; la differenza è che queste agiscono in prevalenza in maniera propulsiva e predisponente. Spostano e monopolizzano l'attenzione e mobilitano nuove energie psichiche e cognitive facendole convergere su un obiettivo. Chi le prova è più disposto all'agire, magari anche a quelle azioni delle quali non conosce bene tutti gli effetti. Non c'è dubbio che le emozioni positive determinino uno stato temporaneo di ampliamento cognitivo e comportamentale, e che tale stato rappresenti la premessa per la mobilitazione di nuove risorse, fisiche, intellettuali, sociali e psicologiche. Non ci dimentichiamo, d'altra parte, che le emozioni positive non sono spesso che la facciata di spinte motivazionali primordiali e incoercibili. È utile in sostanza essere circospetti, ma anche osare. La vita nel suo complesso è infatti sostanzialmente esplorazione. L'esplorazione, e per la sua parte il gioco, sono componenti essenziali del comportamento degli animali superiori e dell'uomo. E per mettere in atto tutto questo occorre sentirsi predisposti o, almeno, non negativamente disposti.

Quando è in preda a una forte emozione un essere umano può anche dichiarare un suo stato d'animo concomitante, stato d'animo che posso vivere direttamente, se si tratta di me. Talvolta l'emozione si presenta come una prepotente realtà a sé stante. Spesso è solo una sorta di silenzioso commento ai diversi eventi della nostra quotidianità, un commento che non manca mai di un aspetto valutativo, eminentemente soggettivo ma invariabilmente inscrivibile in una prospettiva che presenta un valore adattativo, che favorisce cioè la nostra sopravvivenza e magari il nostro benessere complessivo.

Da che mondo è mondo ad esempio gli uomini hanno ammirato il volo degli uccelli, che sprigiona spesso un fascino irresistibile. Oggi si può filmare un uccello che sta volando, che decolla o che atterra, magari su un lago ghiacciato, e osservare i dettagli della posizione delle ali e di tutto il corpo con una serie di fermo immagine. Si vedono allora i più minuscoli particolari del comportamento dei vari tipi di penne e di piume. Se un uccello vuole volare, decollare e atterrare, i suoi diversi tipi di penne devono comportarsi in una certa maniera, altrimenti il volo fallisce. Il volo nel suo complesso resta meraviglioso e affascinante, ma se dietro la sua efficienza e la sua eleganza non ci fossero tutti i singoli movimenti che oggi possiamo osservare nei dettagli, il volo stesso non ci sarebbe.

Lo stesso discorso vale per molti altri fatti di natura, comprese le emozioni, che ci sembrano ciascuna un tutt'uno indissolubile, con una sua qualità e un suo preciso sapore, ma che sono fatte di tante cose e che poggiano su tanti processi diversi, ciascuno dei quali può avere proporzioni elusive.

Ho parlato di emozioni e fin qui ho usato raramente i termini «sentimenti» e «affetti». La relazione fra queste tre parole non è banale, anche se spesso i termini in questione vengono utilizzati in maniera intercambiabile. Affetti ed emozioni sono sovente sinonimi in tutto e per tutto, ma riserviamo di frequente la parola affetto per le emozioni più positive e di attaccamento verso qualcuno, e più raramente qualcosa. Della paura e della sorpresa, per esempio, difficilmente si direbbe che sono affetti, mentre dell'amore e del desiderio lo si direbbe con minore sforzo.

Io definirei poi sentimenti, un termine la cui estensione agli animali diversi dall'uomo incontra in genere una certa resistenza, quelle costellazioni, relativamente stabili e organizzate, di emozioni che si riferiscono a un comune oggetto, persona o più raramente cosa, tenute insieme anche da elementi di natura cognitiva. L'amore è un sentimento, fatto di moltissime situazioni emotive diverse, ma tutte legate a una persona, almeno a una persona per volta. Così l'odio, la simpatia o l'antipatia, ma anche il desiderio di qualcosa o l'avversione per un'altra.

Si tratta ovviamente di costellazioni temporanee che possono farsi e disfarsi e soprattutto di costrutti disposizionali teorici: non soffriamo o gioiamo direttamente per un sentimento, ma per ciascuno dei coinvolgimenti emotivi di cui questo è composto, anche se parliamo molto spesso di sentimenti e del loro potere.

Il fatto è che il sentimento è più facile da verbalizzare dell'emozione, perché più stabile, più generale e più astratto. Ha molte delle caratteristiche proprie di un costrutto mentale, e culturale. È più facile e più gradito parlare di sentimenti piuttosto che di emozioni. I sentimenti sembrano corrispondere in gran parte a stati mentali, individuali o collettivi: possono essere appresi, imitati, discussi e anche divenire oggetto di negoziazione, soprattutto sotto forma di « buoni sentimenti ». Questo è uno dei motivi per i quali si avverte generalmente una certa resistenza ad attribuire sentimenti agli animali, mentre è un po' più semplice, anche se non comunissimo, rendersi conto che anche gli animali hanno delle vere e proprie emozioni.

Esistono poi le passioni. Anche qui, i termini passione e sentimento possono essere utilizzati in maniera intercambiabile, ma si attribuisce di solito a una passione una forza maggiore e una concentrazione più esclusiva su un singolo oggetto. Le passioni sono spesso le spinte interne che ci fanno muovere e che talvolta ci tiranneggiano. Potremmo forse dire che, mentre un sentimento è una costellazione di emozioni, una passione è soprattutto una costellazione di motivazioni, anche se inevitabilmente caratterizzata da uno specifico clima emotivo e ispirata a esso. Almeno originariamente la parola « passione » faceva riferimento a una certa passività del soggetto di fronte al prepotente imporsi dei moti passionali. Il termine è infatti da porre in relazione con il verbo latino *patior*, subisco, e magari soffro. L'idea sottostante era evidentemente che una passione si impadronisca di noi più di altri moti dell'animo e ci faccia compiere ciò che essa ci ispira. La passione ci trascina insomma in maniera sostanzialmente irresistibile, o così ci piace pensare.

Nel nostro vissuto quotidiano le passioni sono ciò che ci tiene vivi, che ci fa muovere psicologicamente e materialmente, che ci fa alzare dal letto la mattina. Guai quando non ci sono o sono fievoli! Tutta la riserva di carburante rappresentata dalla nostra energia interiore resterebbe inutilizzata senza « la scintilla » prodotta dalla passione. La quale può avere per oggetto una cosa, un'attività o una persona, ma se l'oggetto è una persona, il tutto assume connotati molto più definiti e la forza della passione può assurgere a vertici inusitati.

In questo caso entra in ballo anche la capacità, tutt'altro che scontata, di riconoscere un determinato individuo e di riservare a questi, e solo a questi, un preciso atteggiamento mentale e affettivo, così che quando l'altro diviene l'oggetto di una passione finisce per rappresentare un Tu con il quale l'Io si rapporta e si confronta, arricchendosene.

Riconoscimento e attaccamento

Fondamentale per instaurare un rapporto specifico fra individuo e individuo è la capacità di riconoscersi. Molti animali hanno la capacità di distinguere oltre agli oggetti gli animali di altre specie. In aggiunta, alcuni di essi sono anche capaci di distinguere tra di loro un certo numero di individui della propria specie.

All'origine del riconoscimento dell'altro c'è quasi sempre il rapporto madre-figlio. In molte specie di uccelli e di mammiferi la madre riconosce, almeno per un certo periodo, i figli e questi imparano presto a riconoscere la propria madre. Questa capacità è assente nei rettili e negli anfibi, mentre diviene sempre più specifica via via che si sale la scala evolutiva, per assumere aspetti tutti particolari nelle scimmie superiori e infine nell'uomo.

La madre ha bisogno di riconoscere i propri piccoli allo scopo di nutrirli e proteggerli. I figli a loro volta dipendono dalla madre per ottenere nutrimento, protezione, insegnamento e talvolta anche sostegno emotivo. Non è possibile fare ulteriori generalizzazioni, perché a seconda delle varie specie ci sono madri che non tollerano l'intrusione di alcun cucciolo estraneo e madri che mostrano una certa tolleranza verso i piccoli di altre madri. Così, la pecora è bravissima a riconoscere il proprio agnellino subito dopo la nascita e non accetta sostituzioni. Similmente, la femmina del leone marino stabilisce immediatamente un contatto specifico con i suoi nati che riconosce senza esitazioni e non accetta neppure la vicinanza dei piccoli di altre madri. L'oca cinerina attacca i piccoli che non sono suoi e il gabbiano reale li uccide addirittura. Al contrario, le femmine di alcuni roditori possono accettare piccoli estranei e adottarli, anche se mostrano sempre una spiccata predilezione per i propri nati.

Il legame madre-figli è mantenuto e rafforzato da un insieme di gesti ripetuti quotidianamente da entrambe le parti e viene continuamente rinfocolato dai comportamenti innati di richiesta di accudimento da parte dei piccoli. Un cucciolo che cade dal nido o che anche solo perde il contatto con il corpo della madre lancia specifiche grida di richiamo alle quali la madre non sa resistere. Da questo nucleo primordiale di individualizzazione madre-figlio si possono spesso sviluppare altre relazioni nelle quali è fondamentale la capacità di riconoscere un individuo da un altro.

Ciò avviene soprattutto in quelle specie caratterizzate da un periodo di apprendimento abbastanza prolungato e da una struttura sociale articolata in gruppi più o meno stabili. Entro certi limiti le due cose sembrano andare di pari passo. La struttura di gruppo, con la sua natura di rete di riconoscimenti personali diadici deriverebbe cioè dal prolungato rapporto madri-figli e talvolta genitori-figli e più specificamente dall'importanza che le diverse specie danno alla cura della prole.

La lunghezza del periodo nel quale si mantiene questo stretto legame madre-figlio varia molto da specie a specie. E varia molto anche l'entità del periodo della vita nel quale ha importanza un riconoscimento individuale in aggiunta a quello madre-figlio. Per certe specie il riconoscimento individuale si limita al periodo dell'accudimento della prole o poco più. Per altre si osserva invece che i membri del gruppo si riconoscono come individui specifici, o riconoscono alcune prerogative individuali dell'altro, per buona parte della loro esistenza.

È chiaro che questo influenza prepotentemente la struttura sociale della famiglia nucleare o del gruppo. In certe specie di carnivori che vivono in branco e in certe specie di scimmie il gruppo si articola in una serie di gerarchie che vengono continuamente rinsaldate o aggiornate e che si fondano sulla capacità di riconoscere i propri simili. Nel cervello di questi animali si sono sviluppate anche aree funzionali specificamente dedicate al riconoscimento degli individui e perfino direttamente dei loro volti.

Nella nostra corteccia cerebrale ad esempio e in quella di diverse scimmie esistono gruppi di cellule deputate al riconoscimento dei singoli individui. Queste si trovano prevalentemente nella corteccia visiva perché per uomini e scimmie il riconoscimento dei propri simili si basa in gran parte sul senso della vista, mentre altre specie si avvalgono di una gamma più ampia di sensi, primo fra tutti l'odorato. È così che il riconoscimento dell'individualità altrui viene inglobato nella struttura dell'organismo.

Per quanto riguarda la localizzazione più precisa della funzione di riconoscimento visivo molti studi indicano il lobo temporale dell'emisfero destro come il sito corticale preferenziale di tale operazione e in particolare la cosiddetta area fusiforme per le facce, i cui neuroni si attivano specificamente quando si osservano i volti da riconoscere. In tempi relativamente recenti si è scoperto però che esiste anche una via sottocorticale, che non interessa cioè la corteccia cerebrale vera e propria. Tale via «bassa» passerebbe dalla retina ai collicoli superiori del mesencefalo e da questi all'amigdala, struttura che abbiamo visto essere la depositaria della cosiddetta memoria emotiva, cioè delle emozioni, positive o negative, associate a ogni particolare evento che ci sia accaduto.

Nel riconoscimento di un volto opererebbero quindi due vie, una «bassa» che esclude la corteccia cerebrale e una «alta» che la include, soprattutto nel suo lobo temporale destro. La prima sarebbe veloce, quasi immediata, ma poco selettiva; la seconda, più lenta, ma capace di una maggiore discriminazione. Tale osservazione darebbe conto di vari fatti connessi con il riconoscimento veloce ed emotivamente connotato di volti e di espressioni e con la precoce comparsa della capacità di riconoscere le facce nel neonato.

Perché tutto questo si realizzi, occorre però che a fianco della capacità di riconoscersi ci sia una nostra propensione ad attaccarci a un altro individuo, nel caso nostro a un'altra persona. Il tutto sarà poi rafforzato dal fatto che l'altra persona è appunto un essere umano, che condivide con noi molte capacità e disposizioni, e che a sua volta può mostrare di gradire la nostra attenzione e comportarsi in modo da sollecitarci a mantenere viva o anche a rafforzare quella particolare affezione.

La disposizione a vedere con favore gli altri è un dato primario innato, comune probabilmente a molte altre specie animali, che ci impedisce di dar vita a una inutile competitività e magari instaurare una proficua cooperazione, ovviamente fino al primo serio conflitto di interessi, reale o immaginario. L'uomo, come molti altri animali, non è necessariamente ostile ai propri simili e non li considera *a priori* nemici o avversari, anche se questo atteggiamento può venire meno molto più frequentemente di quanto ci piacerebbe.

Anche nella propensione all'attaccamento gioca un ruolo essenziale il periodo infantile dove ha imperato il rapporto filiale. Molta gente, me compreso, ritiene che il rapporto madre-figlio sia alla base di quasi ogni nostra forma di attaccamento, un legame diverso, anche se certo non antitetico, rispetto a quello determinato dall'attrazione sessuale.

Il fatto è, come abbiamo visto, che i cuccioli della maggior parte degli animali a noi più vicini non sono capaci di condurre una vita autonoma e hanno bisogno per qualche tempo dell'accudimento dei genitori; di solito, ma non necessariamente, la mamma. Trascorrono quindi un periodo di tempo nel quale hanno bisogno di essere nutriti, protetti, sorretti e istruiti. Tale periodo, che può essere più o meno lungo, viene detto periodo delle cure parentali, un termine questo che indica l'insieme delle attenzioni, dalle più concrete alle più astratte, che la coppia genitoriale rivolge al cucciolo o più spesso ai cuccioli fino a quando questi non cominciano a cavarsela da soli. Nel caso dei mammiferi queste cure comprendono ovviamente anche l'allattamento, che istituisce un rapporto del tutto particolare fra madre e figlio.

Durante il periodo delle cure parentali si instaura un forte, indiscusso legame tra il genitore e il figlio – che si fida e si affida – legame che durerà per tutto il periodo in questione. Tale legame è chiaramente diverso da quello derivante dall'attrazione sessuale, più duraturo e meno conflittuale di quello, e persegue uno scopo diverso. Il periodo delle cure parentali varia da specie a specie, ma tende ad allungarsi con la prossimità della specie in questione alla nostra e raggiunge il suo culmine in noi esseri umani, per una varietà di motivi, biologici e culturali.

L'attaccamento della madre al figlio e viceversa deve necessariamente appoggiarsi a meccanismi neurali e ormonali molto potenti. Per le specie coinvolte questo legame è di importanza fondamentale: ne va della sopravvivenza della specie stessa. Per le femmine di alcuni mammiferi il meccanismo è stato studiato, almeno nelle sue grandi linee. È il piccolo ormone ossitocina che agendo sul cervello delle madri ne determina l'attaccamento alla prole. Al punto che un'infusione di ossitocina nel cervello di una pecora femmina la fa attaccare al primo agnello che incontra anche se non è il suo.

L'ossitocina è un ormone fondamentale per la vita di un mammifero femmina, soprattutto in connessione con la maternità. È attivo nella preparazione al parto, nel travaglio del parto stesso e durante l'allattamento. Pare quindi associato alla maternità nelle sue diverse articolazioni e non stupisce che possa essere implicato nel dispiegamento e nel controllo dell'attaccamento alla prole.

La sua azione confluisce nel circuito della dopamina cerebrale del quale abbiamo abbondantemente parlato sopra, creando una dipendenza. La sua presenza indurrà un pressante desiderio dal quale non è facile deflettere e che si ripresenterà in continuazione. Anche in questo caso esiste un meccanismo che crea un desiderio e quindi una motivazione che confluisce nel grande alveo delle spinte motivazionali primarie.

La fetalizzazione

Noi uomini non sfuggiamo certo a tutto questo. Molti dei fenomeni appena descritti sembrano anzi in noi esaltati, anche a causa della particolare lunghezza del periodo delle cure parentali che caratterizza la nostra specie. Tutti sanno che al momento della nascita l'essere umano è tutt'altro che maturo per affrontare la vita. In realtà è come se nascesse con un bel po' di anticipo rispetto a quanto ci si potrebbe aspettare e mostra alcune caratteristiche tipiche dello stadio embrionale dei cugini primati superiori: corpo privo di pelame, cranio rotondeggiante, mandibola retratta, dentatura e apparato digerente poco specializzati e uno sviluppo cerebrale ancora assai incompleto.

Il fenomeno attraverso il quale può venire alla luce e arrivare a riprodursi un animale che ha mantenuto alcune caratteristiche embrionali prende, in biologia, il nome di neotenìa o neotenizzazione o anche di pedomorfosi. L'animale uomo mostra più che chiaramente un tale fenomeno, che nel caso specifico è stato a volte anche chiamato fetalizzazione. Quando nasce l'uomo possiede molte caratteristiche del feto degli animali a lui più vicini, anche se per certi aspetti, ma non per tutti, questo ritardo di sviluppo può essere colmato negli anni.

Tale fenomeno implica un certo numero di conseguenze che io ritengo di capitale importanza tanto sul piano della cognizione e dell'apprendimento, quanto su quello dello sviluppo della nostra affettività. Ne prenderò in considerazione essenzialmente due, riguardanti in primo luogo i meccanismi che hanno favorito l'evoluzione culturale dell'uomo e in secondo luogo la comparsa di quell'incredibile sentimento che è l'amore romantico. Né l'una né l'altro hanno alcun riscontro in altre specie, anche se di entrambi si possono osservare segni premonitori nelle specie a noi più vicine. Insieme al possesso di un linguaggio articolato, l'esistenza di un'evoluzione culturale e la capacità di innamorarsi caratterizzano in maniera unica i membri della nostra specie.

Un cervello provvidenzialmente immaturo

Il fenomeno della fetalizzazione è primariamente, anche se non esclusivamente, connesso con le dimensioni del nostro cervello e quindi della nostra testa. Durante l'evoluzione dei mammiferi superiori il cervello è andato continuamente crescendo di dimensioni e c'è stata una sua notevole espansione anche nel passaggio dai primi Australopitechi all'*Homo sapiens*, una crescita esplosiva articolata in due fasi che hanno visto ciascuna quasi il raddoppio della nostra capacità cranica.

Cervello grande vuol dire scatola cranica grande e questo fatto può creare qualche problema al momento del parto, sia per il nascituro che per la mamma. Se non voleva quindi rinunciare al possesso di un cervello di dimensioni considerevoli, la natura doveva escogitare un trucco per evitare che ogni parto si trasformasse per la nostra specie in una sorta di roulette russa.

Al tempo dei primi ominidi ha cominciato quindi a rallentare lo sviluppo prenatale della loro testa, in modo che al momento del parto questa fosse sì di dimensioni notevoli, ma non tali da costituire una seria minaccia. Una tale tendenza si è accentuata sempre più durante il tumultuoso processo evolutivo che ha portato all'uomo attuale, con il risultato che noi uomini nasciamo con un cervello non ancora perfettamente sviluppato. Pesa infatti circa un quarto di quello adulto, mentre nello scimpanzé, per fare un esempio, al momento della nascita equivale al 70% di quello dell'adulto.

È un'osservazione comune che i nostri neonati non sono capaci di cavarsela da soli, molto di più dei neonati di qualsiasi altra specie. Per designare questo fenomeno si usa dire che la nostra prole nasce particolarmente inetta. È chiaro che molta di tale inettitudine è una conseguenza dell'immaturità del nostro cervello al momento della nascita. Il cervello non è mai una tavoletta di cera modellabile a piacimento e senza vincoli dalle esperienze della vita, ma se questa metafora può essere applicata, sia pure con le dovute cautele, agli individui di qualche specie, questa è proprio la nostra.

Alla nascita il nostro cervello, e in particolare la nostra corteccia cerebrale, la sua parte più nobile, contengono già praticamente tutte le cellule nervose che avranno nell'adulto, ma molte delle connessioni che si dovranno stabilire fra queste cellule perché il cervello possa funzionare in maniera appropriata non sono ancora stabilite e altre sono ancora molto labili. La vera natura della corteccia cerebrale è quella di un complesso di circuiti nervosi collegati fra loro, una rete di connessioni fra le cellule nervose di cui è costituita che la abbracciano e la attraversano da un capo all'altro. Gli elementi strutturali della corteccia come di tutto il cervello sono le cellule nervose, cioè i neuroni, ma le basi del suo effettivo funzionamento sono rappresentate dalle connessioni fra le diverse cellule nervose.

Queste connessioni possono essere rappresentate sia da fasci nervosi di dimensioni apprezzabili che da piccoli fasci e da singole fibre o anche da minuscoli contatti fra una singola cellula nervosa e un'altra, che prendono il nome di bottoni sinaptici o semplicemente sinapsi. Le connessioni più cospicue si formano nei primi quindici anni di vita secondo un piano in gran parte prestabilito. Le connessioni più fini e quelle sinaptiche si formano e si riformano per tutta la vita, ma con una netta prevalenza gerarchica di quelle che si stabiliscono nei primi mesi o anni della nostra esistenza.

Il nostro patrimonio genetico contiene le istruzioni necessarie per pilotare la formazione delle connessioni macroscopiche e una buona percentuale di quelle più minute, ma non è materialmente in grado di specificarle tutte. Ci possiamo chiedere allora su che base si formino tutte le connessioni sinaptiche, che rappresentano la base materiale della nostra mente e del nostro proprio io.

Possiamo individuare almeno tre fonti di tale determinazione: una più squisitamente genetica, una di natura marcatamente ambientale, e basata quindi sull'esperienza, e una sostanzialmente casuale. È chiaro che il grosso delle connessioni – sia quelle che fanno di un cervello umano un cervello umano funzionante, che le connessioni che pur essendo tipiche di un singolo individuo sono più simili a quelle dei suoi parenti che a quelle di estranei – non possono che essere specificate nel messaggio biologico codificato nel suo patrimonio genetico individuale. Questo è per sua natura quasi identico in ogni persona ma può essere talvolta portatore di qualche significativa differenza fra l'una e l'altra.

Non sappiamo quale percentuale del numero totale delle sinapsi sia determinata dalla componente genetica. È una valutazione ardua e saperlo non riveste tutto sommato neppure una grande importanza. Quelle che a noi interessano veramente sono infatti le differenze fra una persona e l'altra e siamo portati naturalmente a considerare significative soprattutto quest'ultimo tipo di sinapsi anche se rappresentassero per ipotesi solo l'un per mille del totale.

Su questa base possiamo affermare che le sinapsi che «contano» veramente non possono che essere quelle che distinguono un individuo da un altro, così come siamo soliti indicare la «causa» di un evento in una condizione particolare e specifica che in quella determinata circostanza si è andata ad assommare a una moltitudine di altre condizioni per così dire ordinarie.

Le sinapsi che non sono stabilite sulla base delle istruzioni del patrimonio genetico sono stabilite – attraverso un processo di formazione, di mantenimento o di continuo rimodellamento – dalle esperienze della nostra vita. Tra queste si deve includere cosa abbiamo mangiato e cosa non abbiamo mangiato, cosa abbiamo visto e cosa non abbiamo visto, che malattie abbiamo avuto, come siamo stati trattati dagli altri e tutte le cose che abbiamo imparato, soprattutto nei primi mesi e anni della nostra vita.

Il nostro cervello è capace di modellarsi almeno in parte sulla base di questi avvenimenti esterni. Finisce cioè di svilupparsi alla luce del sole e « a microfoni aperti ». Questo permette di incamerare nei circuiti del nostro cervello alcune informazioni sulle cose del mondo circostante che vanno ad aggiungersi a quelle che già vi si trovano e che sono state depositate nei nostri geni nel corso di milioni e milioni di anni di evoluzione biologica dei nostri antenati più o meno remoti.

Il cervello di un furetto adulto « sa » alcune cose fondamentali sul mondo; il nostro, oltre a quelle, ne « sa » molte altre che non possono materialmente essere state immagazzinate nel suo patrimonio genetico. Alla nascita, nel mio cervello non c'erano ad esempio le parole della lingua italiana, né la sua grammatica o la sua sintassi. Eppure io parlo italiano e se fossi cresciuto in Giappone parlerei probabilmente il giapponese. La lingua che uno parla è un esempio di un complesso di conoscenze non codificate, e probabilmente non codificabili, nel suo patrimonio genetico, né individuale né collettivo. La conoscenza di una lingua, e magari di più di una, è un'acquisizione esperienziale raggiunta dopo la nascita e saldamente immagazzinata in qualche parte del nostro cervello.

In conseguenza dell'apprendimento di una lingua c'è una parte del nostro cervello che si modifica. Non in maniera vistosa, ma comunque si modifica. Una parte della regione temporale dell'emisfero sinistro di un italiano è leggermente diversa dalla corrispondente regione di un inglese o di un tedesco. L'apprendimento di una determinata lingua si è depositato in una regione e verosimilmente in più di una del nostro cervello.

In che maniera? Molto probabilmente dando origine a una configurazione specifica di un certo numero di contatti sinaptici di un tale tipo. Fra individui che parlano lingue diverse alcune di queste nuove configurazioni saranno comuni, altre diverse. Tale diversità si va a sommare naturalmente alle differenze esistenti anche fra individui diversi che parlano la stessa lingua.

Il discorso fatto per la lingua si applica a innumerevoli altre cose: il riconoscimento di familiari e amici (e nemici), l'apprendimento di usanze e costumi, l'introiezione delle tradizioni della propria famiglia e del proprio gruppo e anche le conoscenze teoriche derivanti dalla propria istruzione. Usando il linguaggio dei computer, ormai familiare a tutti noi, possiamo dire che in virtù della sua grande immaturità all'atto della nascita e del suo susseguente periodo di formazione « sul campo », il nostro cervello è in grado di modificare il proprio *hardware*, ancora incompleto alla nascita, sulla base del *software* che vi si fa girare nei primi anni della nostra vita.

Insomma, parte del *software* viene direttamente incorporato nell'*hardware* del nostro cervello, con il vantaggio di una grande adattabilità e prontezza nell'acquisizione di informazioni aggiornate sul mondo circostante. Il processo in questione si presenta come molto più rapido e agile di quello che consiste nella codificazione e nella successiva decodificazione dell'informazione contenuta nei nostri geni.

Grazie al fenomeno della fetalizzazione e alla conseguente immaturità del nostro cervello al momento della nascita, le primissime nozioni apprese da ciascuno di noi vengono direttamente incorporate nei circuiti nervosi del cervello. Queste nozioni sono quindi come scolpite o incise nella polpa del cervello e sono le più difficili da perdere. Prima o poi riaffiorano sempre, soprattutto nella tarda età nella quale è più difficile invece richiamare i ricordi che risalgono a epoche più recenti.

Le nozioni apprese in tenerissima età si presentano quindi quasi come nozioni innate, dotate di grande tenacia e che lasciano ancora grande spazio mentale a ciò che apprenderemo successivamente. È assai ragionevole pensare che questa nuova e quasi inusitata potenzialità del nostro cervello sia la base, o per lo meno una delle basi significative, della nostra capacità di sviluppare un'evoluzione culturale, a fianco e in continuazione di quella biologica.

Non è solo questione di ampiezza della nostra capacità di apprendere e della presenza di una duplicità, o più probabilmente di una molteplicità, di tipi diversi di memorizzazione. È probabilmente anche una faccenda di gerarchizzazione degli spazi di apprendimento. Nella prima, lunga, fase di maturazione del nostro cervello e nel suo adeguamento alla realtà biologica e culturale circostante, si sviluppano in questo una serie di meccanismi e di circuiti che ci permettono di parlare, di indugiare in un pensiero astratto e di natura simbolica e di accumulare e di produrre cultura.

La nostra grande inettitudine alla nascita costituisce insomma un ostacolo serio e protratto per lungo tempo alla nostra capacità di prescindere dall'aiuto e dal sostegno dei genitori, ma rappresenta, nell'ottica appena richiamata, un'opportunità unica sulla via del nostro allontanamento dal modo di essere che caratterizza anche le specie biologicamente a noi più vicine e del suo superamento.

È difficile determinare con certezza quanto di questo ha a che fare direttamente con l'acquisizione e l'uso del linguaggio. Certo, l'uso del linguaggio ha dato direttamente e indirettamente un grande contributo allo sviluppo di una evoluzione culturale. Sarebbe a questo proposito estremamente interessante determinare se e quanto la maturazione ritardata del nostro cervello favorisca anche l'acquisizione del linguaggio da parte di ciascuno di noi. Purtroppo non possediamo elementi certi per rispondere a questa domanda, ma sembra ragionevole ritenere che questo stato di cose possa essere utile almeno per l'acquisizione di una semantica.

La semantica ha infatti una pronunciata dimensione storica, cioè temporale. Appare difficile immaginare come ci si potrebbe impadronire del significato delle parole tutto in una volta. Occorre infatti accumulare significati attraverso un lento processo di stratificazione di tutti i possibili significati, particolari e approssimativi, esemplificati in altrettante frasi incontrate nella vita, soprattutto nella prima vita.

Lo sviluppo di una semantica non può essere insomma un processo istantaneo. Deve comportare una serie di fasi che si succedono il cui esito venga progressivamente gerarchizzato e integrato in un insieme coerente o quasi coerente. Forse anche in questo gioca un ruolo essenziale la maturazione ritardata delle nostre connessioni cerebrali già direttamente in contatto con le vicende del mondo esterno, fisico e culturale.

Ma ritorniamo brevemente all'argomento della variabilità delle connessioni del nostro cervello. Abbiamo parlato della componente genetica e di quella ambientale, ma il discorso non finisce qui. Si ritiene oggi che per quanto ricca e stimolante possa essere la vita di un particolare individuo che sta crescendo, questa non sia sufficiente a regolare lo stabilirsi di tutte le connessioni sinaptiche necessarie per il corretto funzionamento del suo cervello. La microstruttura di alcune sue regioni e l'assetto anatomo-funzionale di un certo numero delle sue sinapsi non sono dettate direttamente né dai suoi geni né dalla sua vita, ma da eventi casuali.

Certe connessioni, in sostanza, si formano perché comunque si devono formare. Se questa loro formazione è influenzata dall'esperienza, bene. Altrimenti, ciò accadrà in una maniera sostanzialmente casuale, cioè sulla base di processi che non hanno una causa specifica nota, o perché non è utile o perché non è facile o perché non è possibile conoscerla.

La nostra individualità ha quindi tre fonti principali: una fonte genetica – non tutti abbiamo esattamente lo stesso patrimonio genetico –, una fonte ambientale o biografica – non tutti abbiamo vissuto la stessa vita dal momento del nostro concepimento fino a oggi –, e una fonte puramente casuale – non tutti siamo stati teatro degli stessi microeventi nell'anatomia funzionale del nostro cervello durante lo sviluppo embrionale e in tutte le fasi susseguenti. Ciascuno di noi è il risultato del concorso di queste tre fonti di diversità ed è per questo che nessuno è identico a nessun altro, nel cervello ma non solo.

Nonostante queste grandi differenze, tutti gli uomini sono in grado di appropriarsi dei prodotti dell'evoluzione culturale e di contribuire al suo avanzamento. La grande eterogeneità dei diversi individui, cui abbiamo appena fatto cenno, contribuisce anzi ad arricchire il quadro di tali attingimenti e a rendere i concomitanti avanzamenti più rapidi e significativi.

Anche grazie a questo modo del tutto originale in cui arriva a maturazione il nostro cervello, siamo riusciti, come specie o meglio come collettivo umano, a capire realtà estremamente complesse e a raggiungere livelli di pensiero unici nel mondo degli esseri viventi che conosciamo. Abbiamo un cervello grande e ricco di cellule nervose e abbiamo in particolare una corteccia cerebrale sviluppatissima, ma non è solo questo elemento quantitativo che ci differenzia da tutti gli altri viventi. Le nostre cellule nervose sono evidentemente organizzate in circuiti particolari e il tutto ha un modo di funzionare tutto suo, tale da permetterci conquiste mentali e intellettuali senza pari.

Sulla scorta delle informazioni che ci giungono dai nostri sensi, che pure funzionano in modo approssimativo e imperfetto, con la forza della nostra memoria, del nostro ragionamento, della capacità di parlare, con noi stessi e con altri, siamo riusciti a costruire una rappresentazione e un commento del mondo che non hanno l'uguale e che sono riusciti a cambiare la faccia del mondo stesso. Siamo riusciti a guardare dentro la natura delle cose animate e inanimate, a comprendere come molte di queste funzionano e a vedere le componenti più piccole e invisibili della realtà, così come i corpi più grandi e remoti che popolano i cieli. Tutto questo con l'evoluzione culturale e lo scambio di informazioni fra individui diversi, anche lontani. La cosa è tutto fuorché banale e pacifica. Capire il mondo significa in larga parte sostituirgli un simulacro realistico ma comprensibile e per fare questo occorrono capacità di comprensione sì, ma anche di trascendimento, in un'opera che non ci è ancora del tutto chiara.

L'amore romantico

E veniamo al secondo fenomeno che io considero una conseguenza abbastanza clamorosa della nostra fetalizzazione e della sproporzionata lunghezza del periodo delle cure parentali caratteristico della nostra specie. Sto parlando di quello straordinario fenomeno che chiamo amore romantico, un legame fortissimo, anche se talvolta temporaneo, tra un uomo e una donna che ne informa e ne conforma ogni comportamento e ogni pensiero, che si accompagna all'attrazione sessuale reciproca e che ha indubbiamente una grossa componente legata alla sessualità, ma che è capace di vivere di vita propria discostandosi dalle modalità di quella anche in maniera molto marcata.

Prima di parlare per esteso di questo sentimento dei sentimenti, di questo monopolizzatore della nostra vita affettiva, voglio fare un paio di osservazioni.

In primo luogo, per trattare distesamente di questo stato d'animo che tutti conosciamo benissimo sono dovuto andare a fare un'incursione nel mondo anglosassone e trovare il termine amore romantico, *romantic love.* Nel nostro mondo si parla in continuazione di amore, ma si usa spessissimo lo stesso termine, « amore », per indicare indifferentemente ogni forma di amore: da quello romantico appunto a quello filiale, da quello materno a quello per il prossimo, da quello più marcatamente sensuale a quello per Dio. Nella nostra lingua è tutto amore, anche se poi all'occorrenza si può sicuramente specificare con un aggettivo o con un complemento di che tipo di amore si sta parlando.

Non so se si tratti di *pruderie*, di ipocrisia o di semplice sciatteria, ma è difficile che dalle nostre parti voi troviate menzionato chiaramente l'amore per eccellenza, cioè l'amore romantico. È solo un fatto linguistico, perché poi in genere chi parla sa benissimo di che cosa si sta parlando e indugia in espressioni quali « pazzo d'amore », « ferite d'amore », « dispiaceri amorosi », « schermaglie amorose », « pene d'amore » e via discorrendo.

In tutti questi casi è dell'amore romantico che si parla e della coorte di fenomeni che lo accompagnano attraverso le varie vicende della vita. Io parlerò esplicitamente di amore romantico, e intenderò con questo termine il legame che si instaura fra un uomo e una donna che si amano, che si desiderano e che si possiedono, anche se in maniera incompleta e con grandi differenze di intensità.

In secondo luogo, non posso non sottolineare che di questo argomento ho già parlato, e per esteso, in almeno uno dei miei libri, diversi anni fa. Non mi è mai capitato di sentire un commento su questi miei pensieri, fosse pure per criticarli. Ho sentito spesso trattare di alcune mie idee e qualcuna è anche passata con una certa naturalezza nel pensiero collettivo, ma di questa mia proposta niente. Ciò può essere dovuto al fatto che la si è considerata seriamente errata o irrilevante, assumendo, ovviamente, che io mi sia fatto capire bene.

Poiché è possibile che il problema sia proprio questo, ho ritenuto opportuno riprendere qui quella mia argomentazione ed estenderla, non fosse altro che per sottolineare che non la ritenevo un'idea peregrina e passeggera, bensì una delle riflessioni più pertinenti per comprendere la natura del fenomeno uomo, una riflessione che può anche essere giudicata gravemente sbagliata, ma certo non irrilevante.

Sospetto che il motivo per il quale è passata sotto silenzio sia da ricercarsi nel fatto che la si sia ritenuta sbagliata o irrilevante, o una giusta miscela delle due cose, a causa di un certo fastidio che i più provano quando si cerca di parlare seriamente se non scientificamente di sentimenti, allo scopo di dar loro un corpo e un'anima. Come già rilevato da un certo numero di neurobiologi fra i quali spicca Antonio Damasio, i sentimenti sono considerati un mondo a parte, regno di riti e miti di ogni genere, che non si può investigare con serietà e che deve rimanere sempre nel vago e nell'imprecisato. I sentimenti sono i sentimenti e basta. E in particolare l'amore è l'amore e basta. Si è già dovuta fare tanta fatica per riuscire a parlare di mente e di memoria, che sembra impossibile che si arrivi a parlare seriamente anche di sentimenti, ovviamente con l'amore in testa.

Ritengo assurda questa posizione e spero che il tempo faccia giustizia anche di tale atteggiamento, ma non ci spero molto. L'uomo ama vivere nel vago, nel mistero e nell'ignoranza e ci sono tante persone e tante istituzioni che si sono assunte il compito di spingerlo in questa direzione.

Neppure la filosofia ne ha parlato molto, se è vero che nel 1819 Arthur Schopenhauer ha potuto scrivere che « dovremmo sorprenderci che un oggetto [l'amore], il quale ha un posto tanto notabile nella vita umana, non sia per così dire mai stato preso in considerazione dai filosofi, e che ci si presenti come un argomento non ancor trattato da alcuno ». Nel recente *I filosofi e l'amore* di Aude Lancelin e Marie Lemonnier vengono passate in rassegna proprio le riflessioni di alcuni filosofi antichi e moderni su tale argomento. Vi si possono osservare una varietà di posizioni che oscillano tra la inflessibile condanna dell'amore stesso come espressione della più cieca e primitiva sessualità – la « cagna sensualità » (Schopenhauer), continuamente alimentata dalla « *volgivaga Venus,* la volubile Venere » (Lucrezio), in virtù della quale la persona umana è « abbassata sotto il livello dell'animale » (Kant) e che non è che « uno svanire nel tempo », come la musica, che « non esiste se non nell'istante in cui viene eseguita » (Kierkegaard) – e la sua « santificazione metafisica » come fondamento del senso dell'esistenza se non dell'esistenza stessa – all'amore, « inflessibile devozione per un unico essere » (Hannah Arendt), « appartiene l'ampia incursione, ossia l'Aprirsi» che «raccoglie il nostro essere sul suo vero e proprio fondamento» (Heidegger), e in una lettera a Hannah Arendt, Martin Heidegger dice ancora: «essere innamorato = essere sospinto all'esistenza più autentica».

Ma con maggiore attinenza al tema della vera natura dell'amore, Heidegger dice anche: «Agostino ha detto una volta: *amo* significa *volo ut sis*: ti amo – voglio che tu sia ciò che sei», mentre dal canto suo Jean-Paul Sartre si è interrogato sullo statuto esistenziale dell'amore, sospeso tra l'autonomia e la dedizione, fra la cancellazione del ruolo distinto dell'io e del tu e la sua esaltazione, fra scelte di libertà e garanzie di fedeltà. «L'amante», scrive Sartre, «chiede il giuramento e si irrita del giuramento [...] Vuole essere amato da una libertà e pretende che questa libertà come libertà non sia più libera. Vuole insieme che la libertà dell'altro si determini da sé a essere amore – e questo non solo all'inizio dell'avventura, ma a ogni istante – e, insieme, che questa libertà si imprigioni da sé, che ritorni su se stessa, come nella follia, come nel sogno, per volere la sua prigionia.» Si tratta in fondo dello stesso atteggiamento che abbiamo verso la vita, che ci dovrebbe riservare continue sorprese, ma vorremmo che gli eventi futuri si rivelassero poi a noi graditi e non troppo diversi da quello al quale siamo abituati e affezionati, come afferma il Venditore di Almanacchi di una delle *Operette morali* di Giacomo Leopardi.

Direi comunque che nel *volo ut sis* e nella pretesa dell'amante che l'amato sia libero di legarsi stabilmente è racchiusa tutta la problematica esistenziale dell'amore romantico, almeno nei tempi rilassati e consapevoli che stiamo vivendo in questa epoca, nel nostro mondo.

Nella letteratura dell'amore è stato detto e scritto, invece, tantissimo. Di tutte le passioni di possesso e di aspirazione, la più forte e totalizzante è senza dubbio l'amore, il desiderio di avere una data persona tutta per sé. L'amore è il prototipo del sentimento e della passione e l'elemento unificante di una miriade di stati emotivi. Le pene d'amore – perché non corrisposto, perché non corrisposto abbastanza, perché non corrisposto in tutto e per tutto al momento, perché tradito o addirittura vilipeso – sono il prototipo della sofferenza per un dolore di natura affettiva.

Ci procurano la sensazione di vuoto per eccellenza e non ci danno pace: qualcosa in noi vuole disperatamente la persona amata e tutte le situazioni attive e passive a questo connesse. «Amore di nuovo ecco mi ha colto, / il dolce amore, amara creatura / che si insinua irresistibile / a fiaccare le membra» dice splendidamente a questo proposito Saffo.

L'amore non ci fa solo soffrire, anche se quando ci fa soffrire lo sentiamo con particolare vivezza. Al contrario l'amore ci fa agire e ci gratifica. Dà un senso alle nostre giornate e ci pone in uno stato d'animo positivo. Soprattutto oggi è possibile constatare che ogni storia, ogni canzone, ogni libro, ogni film ruotano essenzialmente intorno ad almeno una storia d'amore. Sembra che non ce ne stanchiamo mai. In una storia d'amore, felice o infelice, è facile immedesimarsi ed è difficile fare a meno di farlo. È uno stato d'animo e un nodo di sentimenti che ci accompagna tutta la vita, anche se può avere fasi diverse per intensità e persistenza.

Non esiste niente di più individualizzato e individualizzante della relazione d'amore. Per un periodo di tempo più o meno lungo la persona amata è unica, assolutamente unica: si ama quella specifica persona e nessuna la può sostituire né, sembra, la potrà mai sostituire. Esistono varie forme d'amore, ma tutte hanno in comune una focalizzazione totalizzante ed esclusiva su una persona determinata. Ciò può avvenire un poco per volta, ma può anche realizzarsi all'improvviso, quasi dall'oggi al domani e a volte nel giro di poche ore.

Una tale osservazione ha suggerito varie metafore tra cui quella del «colpo di fulmine» e più in generale ha fatto pensare in maniera più o meno esplicita a un intervento dall'esterno, di una dea o di un dio capriccioso e bizzarro che assume magari le fattezze di un fanciulletto, incurante di quello che fa, cieco o bendato e a suo modo spietato. Nella grande lirica greca classica Alceo dice di Eros che è «il più temuto degli dei, / che Iride dai bei calzari generò / da Zefiro chioma d'oro», mentre Simonide suggerisce per lui una ben diversa genealogia: «crudo figlio dell'infida Afrodite, / che ad Ares perfido ti generò».

Sempre nell'ambito della lirica greca i suoi effetti sono descritti con drammatica efficacia da Anacreonte: «Ecco di nuovo Eros come un fabbro con un grande maglio / mi percuote e poi mi affonda in gelide correnti» e dalla grandissima Saffo: «Eros mi ha sconvolto i sensi / come il vento che al monte sulle querce si abbatte».

La letteratura di tutti i Paesi e di tutti i tempi ha teso a sottolineare la perentorietà e la bizzarria dei coinvolgimenti amorosi, bizzarria che forse trova il suo vertice nel *Sogno di una notte di mezza estate* dove Shakespeare immagina che la protagonista, Titania, troppo a lungo insensibile agli strali d'amore, venga costretta a innamorarsi di un asino, per effetto di un sortilegio e con la complicità di una bizzarra situazione.

Ciò che si vuole sottolineare con tali racconti e miti è il fatto che per amore può capitare di tutto: tutti si possono innamorare di tutti, senza un criterio, senza una logica apparente, e a dispetto spesso di rigide barriere materiali o sociali. Complice di tutto questo è la bellezza, che può rifulgere ovunque e può annebbiare i sensi a chiunque. E se non si tratta di vera e propria bellezza... poco importa. « L'amore non guarda con gli occhi, ma col cuore », dice ancora Shakespeare. E il cuore, si sa, non ci vede sempre bene. E sente a modo suo: « Ti prego, dolce creatura, ripeti ancora il tuo canto. L'orecchio mio tanto s'è invaghito della tua voce quanto l'occhio mio è ammaliato dalle tue fattezze », dice Titania al suo « amato ».

Su un versante leggermente diverso, la convinzione che l'amore sia una forza esterna ed estranea agli individui che colpisce, unita alla constatazione della sostanziale arbitrarietà delle scelte, ha suggerito l'utilità di « filtri d'amore » e più in generale di « fatture d'amore ». In *Cristo si è fermato a Eboli* Carlo Levi racconta che ancora nella Basilicata di mezzo secolo fa c'erano persone non ignoranti che temevano l'effetto di tali pratiche quasi magiche...

Dell'amore si può parlare anche più seriamente, cercando di capirne l'essenza, perché se è vero che l'amore per un uomo o per una donna è indubbiamente sostenuto dalla spinta sessuale finalizzata alla riproduzione, è anche evidente che l'amore come lo viviamo noi esseri umani è qualcosa di più sottile e di più coinvolgente della sola scelta sessuale e dei suoi rituali. Se l'amore non è quasi mai scevro dal desiderio, non si può ignorare la gamma estesissima delle forme che può prendere questo desiderio. Anche se sappiamo che il tutto è finalizzato a favorire l'accoppiamento degli individui interessati, ciò che avviene prima, durante e dopo è troppo ricco e articolato per poter essere ridotto a pura sessualità. È anzi sorprendente come in mezzo a questo marasma possa esserci ancora spazio, nella maggior parte dei casi, per il desiderio sessuale e i necessari adempimenti riproduttivi.

L'amore romantico in tutte le sue forme costituisce un brillante esempio di come un'istanza che non ha di per sé uno status gerarchico primario lo può raggiungere, attraverso il condizionamento e la dipendenza. Il fatto è che il circuito della dopamina cerebrale può prendere le forme e le vie più diverse, e fare divenire indispensabile qualcosa che non lo era, e che magari è addirittura dannoso. Per questa via si può arrivare a uccidersi per paura di morire e a soffrire per paura di soffrire, a non mangiare, a non dormire o a divenire casti per amore.

Non c'è dubbio che un certo numero di cose che riguardano le forme che prende l'amore fra uomo e donna nella nostra specie si possono comprendere meglio alla luce del fenomeno della neotenia di cui abbiamo appena parlato. L'immaturità del nostro cervello, la necessità che il corpo e la mente si sviluppino ancora per un lungo periodo di tempo fuori dal grembo materno, la conseguente essenziale cura che i genitori devono avere per i figli, fanno del bambino o della bambina dei soggetti assolutamente unici nel panorama degli esseri viventi e ne improntano moltissime manifestazioni, prime fra tutte le relazioni che intratterranno per tutta la vita con i propri simili.

Per molti anni infatti il cucciolo dell'uomo si comporta come se fosse un neonato o quasi. Deve conquistarsi continuamente l'attenzione e la benevolenza della madre e magari di entrambi i genitori e deve essere disposto a seguirli e ad ascoltare i loro insegnamenti e i loro ammonimenti, per non rischiare troppo. Questo atteggiamento di dipendenza protratta, che abbiamo visto è stato interpretato come conseguenza di una forma pronunciata di fetalizzazione, informa molte delle nostre azioni ed entro certi limiti fa dell'essere umano un eterno cucciolo, un « fanciullone ».

Un tale pronunciato infantilismo condiziona in maniera notevole la vita amorosa dell'essere umano, che cerca allo stesso tempo di soddisfare il proprio istinto sessuale e di trovare una specifica figura genitoriale-filiale alla quale attaccarsi. D'altra parte, poiché nel rapporto amoroso i due partner non possono ovviamente comportarsi entrambi contemporaneamente come figli, occorre che a turno i due elementi di una coppia assumano un ruolo filiale e un ruolo genitoriale. Questo è in effetti ciò che si osserva comunemente. Per certi aspetti della vita di coppia uno dei due tende a giocare il ruolo del figlio, mentre per altri è costretto invece, per così dire, a giocare un ruolo di padre o di madre. Per altri aspetti, o in certe particolari condizioni, i ruoli si invertono. L'amore romantico tipico della nostra specie rappresenta quindi una forma particolare di comportamento riproduttivo e di scelta sessuale che risente in maniera determinante della spiccata neotenia caratteristica dell'animale uomo.

Occorre considerare inoltre che per un animale inferiore è necessario e sufficiente sopravvivere fino all'età riproduttiva e riprodursi, mentre per un animale superiore e per l'uomo in particolare è necessario anche riuscire a portare la propria prole sana e salva almeno fino alla sua età riproduttiva. Metterla al mondo e basta non è assolutamente sufficiente. È solo una parte dell'opera.

Questo tratto essenziale dei mammiferi superiori e dell'uomo viene spesso trascurato nei ragionamenti evoluzionistici. Le specie che fanno molti figli e li mandano allo sbaraglio devono badare innanzitutto all'accoppiamento e alla produzione di una prole numerosa, ma gli obblighi, se di obblighi si può parlare, finiscono lì. Per le coppie di animali che fanno pochi figli e che li devono premurosamente accudire nei primi tempi, invece, il portare per mano la prole almeno fino a un certo punto della loro esistenza è un imperativo fondamentale, la cui forza è probabilmente inversamente correlata al numero dei figli partoriti nell'arco dell'esistenza. Per l'uomo, nutrirli, proteggerli e istruirli sono funzioni genitoriali imprescindibili per molti anni della vita dei figli stessi.

Caratteristica a questo proposito è la connessione delle manifestazioni amorose con l'offerta e lo scambio di cibo e più in generale con l'oralità. Il cucciolo di ogni specie superiore pretende del cibo dalla madre, e talvolta dal padre, e lo riceve. L'offerta di cibo e la sua aspettativa e sollecitazione sono elementi essenziali delle cure parentali e del rapporto madre-figlio. Tale richiesta di cibo e la conseguente offerta vengono spesso ritualizzate in molti comportamenti animali e umani.

Nell'amore romantico umano ritroviamo molti aspetti di questa reciproca offerta, di elementi materiali o simbolici, che ruota intorno al bacio, che qualcuno ha visto appunto come una derivazione dello scambio di cibo fra madre e figlio o subordinatamente fra membri di una coppia. Anche se tutto ciò si muove sul terreno assai scivoloso delle ricostruzioni di eventi evolutivi del passato, per definizione unici e irripetibili, si presenta suggestiva l'idea di una derivazione di molti aspetti dell'amore romantico, quale lo conosciamo oggi, dal primitivo rapporto madre-figlio nelle sue diverse componenti, da quella nutritiva a quella di protezione, rassicurazione e sostegno psicologico. Gli amanti si fanno molte promesse e sono fondamentalmente proiettati verso il futuro, un futuro di convivenza e di collaborazione, immerso nella luminosità di una gioiosa aspettativa.

In questa rivisitazione squisitamente umana del rapporto maschio-femmina si ritrovano almeno due tratti caratteristici della biologia dell'*Homo sapiens*: il primato della vista fra gli altri organi di senso e l'accresciuto controllo della funzionalità della bocca. Nel passaggio dalle scimmie all'uomo si è avuto un notevole affinamento del controllo dei muscoli delle labbra e della lingua, tanto da permetterci la pronuncia di suoni articolati intelligibili e in particolare delle vocali, prime fra tutte le tre vocali fondamentali, *a*, *i* e *u*.

Le scimmie non sono in grado di appoggiare l'emissione della voce su suoni vocalici, come non sono in grado di articolare quei gruppetti di modulazioni consonantiche che caratterizzano le varie lingue parlate dall'uomo. Il nostro linguaggio trae il suo fondamento dalla nostra nuova capacità di astrazione e di articolazione di un pensiero simbolico anche in assenza degli oggetti nominati, ma non potrebbe avere avuto lo sviluppo che ha avuto se la nostra bocca e la nostra laringe non avessero acquisito le caratteristiche biologiche che mostrano negli individui della nostra specie.

A un accresciuto controllo motorio delle labbra e della lingua corrisponde una loro maggior innervazione e uno sviluppo della loro sensibilità, sensibilità che ci permette fra le altre cose le meravigliose esibizioni che osserviamo nella recitazione o nel canto. L'accresciuta sensibilità è riflessa per altro nell'espansione dell'area della corteccia cerebrale, tanto sensoriale che motoria, corrispondente alla bocca, che si presenta già estesa nei primati superiori e assolutamente unica nell'uomo. Possiamo vedere il bacio come il risultato della persistenza e della ritualizzazione dell'offerta reciproca di cibo, unito all'acquisizione di un'accresciuta importanza di tutta la sfera orale.

Per quanto riguarda la vista, sappiamo che questo senso è divenuto sempre più rilevante nell'evoluzione dei mammiferi, al punto che nelle scimmie e nell'uomo raggiunge una posizione di preminenza, con conseguente espansione dello spazio occupato dalla corteccia visiva. Le scimmie superiori e l'uomo utilizzano prevalentemente la vista per il riconoscimento degli oggetti inanimati, degli altri animali e dei loro consimili.

Nella nostra specie acquista infatti una grande, inusitata, importanza la bellezza e si osserva un'assoluta centralità degli aspetti visivi, in primo luogo nell'operazione di riconoscimento, ma anche nella comunicazione e nell'interpretazione del messaggio affettivo. L'attenzione particolare agli occhi, allo sguardo e all'espressione della faccia in generale, nonché il potere devastante del sorriso, sono tratti squisitamente umani, anche se vengono anch'essi da molto lontano. L'incredibile ricchezza di sfumature che accompagna tutto ciò gioca un ruolo preminente nelle relazioni, adulte o infantili e soprattutto amorose. Il nostro amore vive di sguardi e di baci, oltre che di carezze e di abbracci come per le scimmie a noi più vicine.

Questo complesso di circostanze fa dell'uomo un essere tutto particolare anche per quanto riguarda il suo modo di vivere i diversi aspetti dell'accoppiamento riproduttivo. In quasi tutte le specie esiste la riproduzione ed esiste la scelta sessuale, ma soltanto con l'uomo si assiste alla comparsa della sessualità e dell'erotismo, accanto a quella dell'amore romantico.

La sessualità rappresenta la nostra propria maniera di vivere, quotidianamente e per tutta la vita, i vari aspetti della scelta sessuale e dei rituali più o meno convenzionali di accoppiamento. Per tutte le specie animali la ricerca di un individuo dell'altro sesso a scopo riproduttivo è un elemento portante dell'essere al mondo. Ciò avviene secondo precisi cerimoniali e ritmi stagionali. In molte specie però l'attrazione sessuale è una faccenda che dura pochi giorni e si esaurisce così come è comparsa.

Ma accanto a questa spinta sessuale primaria si va imponendo la necessità sempre più stringente di fornire un rifugio e un ambiente favorevole ai nuovi nati, via via che acquistano più importanza le cure parentali e diminuisce concomitantemente il numero dei nati per ciascun parto. I mammiferi superiori hanno perciò spesso un'organizzazione di gruppo finalizzata sì alla difesa e all'assalto, ma soprattutto alla protezione della prole per tutto il periodo in cui questa sarebbe particolarmente vulnerabile.

Nella specie umana tale periodo è molto lungo. Occorre perciò che la famiglia, il nucleo essenziale dell'organizzazione sociale, mantenga una stabilità eccezionalmente protratta. È stato proposto da più parti che l'amore tra i membri di una coppia e la sessualità come la conosciamo noi abbiano la funzione essenziale di tenere il maschio stabilmente in casa, anche quando la sua funzione riproduttiva si è esaurita o persiste a livello virtuale.

Un elemento primario di questa strategia è allora l'attrazione sessuale esercitata dalla donna anche al di fuori dello stretto ambito riproduttivo e liberata dei suoi aspetti di ciclicità e di limitazione temporale. Adottando questo punto di vista, suggestivo ma anche ragionevole, è facile spiegare il fatto che la donna abbia una ricettività continua e non cadenzata ed eserciti anzi quotidianamente la sua seduzione.

La necessità di un nucleo familiare stabile ha influito anche su molti altri aspetti del comportamento femminile, ma anche maschile, come ad esempio lo sviluppo anomalo del pene e dei testicoli del maschio, che è da mettere in relazione con le necessità fisiologiche ma anche «promozionali» e psicologiche che questo stato di cose impone. Moltissimi dei tratti più interessanti e più decisamente umani della sessualità possono insomma essere compresi in quest'ottica.

Non è il caso di insistere ulteriormente su sessualità ed erotismo, perché sull'argomento è stato scritto dappertutto tantissimo. Dobbiamo però fare almeno un cenno all'importanza della sfera orale e all'attrazione sessuale esercitata dal seno femminile, che non sembra trovare riscontro negli individui di nessun'altra specie. Accanto alla sensualità e all'erotismo vive l'amore romantico, che spesso si intreccia con loro in un complesso inestricabile e a volte sembra quasi ignorarli. Quello che è certo è che nella nostra specie l'amore per i figli e l'amore romantico possono raggiungere un'intensità comparabile a quella della pura attrazione sessuale, comune a tutte le altre specie e che ha solitamente la caratteristica della perentorietà ma anche della breve durata.

C'è qualcosa anche nell'amore umano che presenta i caratteri della perentorietà e della ridotta durata: l'innamoramento. All'interno delle manifestazioni dell'amore romantico l'innamoramento rappresenta infatti una fase particolare, unica e strategica, dello sconvolgimento dei sensi. Nella fase dell'innamoramento tutto è esaltato, potenziato e quasi esasperato. In quella fase veramente i protagonisti «perdono il senno» e si abbandonano a una serie di azioni e di atteggiamenti mentali che non mostreranno in nessun'altra circostanza.

L'innamorato non sente ragioni e vive interamente in funzione dell'essere amato. Il tutto è chiaramente accentuato dal fatto che spesso si tratta di adolescenti, che già per loro natura di senno ne hanno poco. Ma non è necessariamente sempre così: se Giulietta e Romeo sono veramente adolescenti, molte altre coppie di innamorati, di ieri ma soprattutto di oggi, non lo sono affatto.

L'innamoramento segna l'inizio di una storia, più o meno lunga, ma che appare immediatamente eterna, e deve perciò possedere una forza particolare. Trasforma due estranei in due innamorati, rompe con una serie consolidata di infinite consuetudini e abitudini e conduce ciascuno degli amanti a trovare un posto per l'altro, soprattutto nel proprio mondo interiore, ma anche in quello esteriore. In pochi giorni l'altro diviene tutto e si tende a dimenticarsi di sé, se non in funzione dell'io e te.

È un evento iniziale con le caratteristiche deflagranti di un innesco. È un evento di rottura e nello stesso tempo di inaugurazione. Di un'epoca che appare interminabile ed eterna. Scalda il cuore, risveglia i sensi, ci trasforma i connotati e ci spinge a preoccuparci anche del nostro aspetto, il più delle volte insensibilmente. Ci fa sentire contenti e appagati anche se sempre assetati dell'altro. Ci fa sentire anche fiduciosi e un po' ciechi. Ci fa sentire vivi e molto lontani da una mesta riflessione sul senso della vita. Si brucia tutta l'energia vitale che si possiede senza cadute di motivazioni e di attenzione. E senza riserve; altrimenti non è innamoramento.

C'è molto di adolescenziale nei modi e negli atteggiamenti degli innamorati, e questo si giustifica interpretando l'evento come una preparazione all'incontro sessuale tipico dell'adolescenza: i sensi devono per così dire prendere il sopravvento sulla ragione e le sue esitazioni, e il corpo deve parlare con voce chiaramente percettibile. Ma c'è anche molto di spiccatamente infantile, anche se ormai ragazzini non si è più. Essere sognatori, mostrarsi fiduciosi ed entusiasti, abbandonarsi a qualcuno che allo stesso tempo ci guida e ci asseconda, non vedere certi aspetti, magari consueti, della realtà, essere dimentichi del passato e considerare la presente come l'unica epoca della vita, sono tutte caratteristiche infantili.

Si risvegliano in questa fase in noi molte delle modalità infantili, dalla cecità alla credulità, dalla faciloneria e quasi irresponsabilità alla fragilità psicologica, dalla dipendenza al desiderio di assecondare. Il mondo ci sembra bello perché non lo vediamo molto distintamente e si vive per l'oggi, e per il domani immediato, invece di indulgere in bilanci e consuntivi.

Nel mio libro *Il male* ho analizzato a fondo questo atteggiamento dell'infante e del bambino in contrapposizione a quanto succede nell'adulto e ho indicato il passaggio, forzato, dal primo al secondo – un brusco risveglio a dire il vero – come il fondamento del pessimismo e del senso di delusione che coglie tutti gli uomini a partire da una certa età. Non è che il mondo sia brutto in sé, in sostanza, ma è piuttosto diverso da come lo vedevamo da bambini, portandoci così a parlare di perdita e di tradimento degli ideali e dandoci l'illusione che il passato fosse migliore.

La fase infantile non può tornare ovviamente nella sua forma più pura, ma periodicamente si può fare un tuffo in uno stato d'animo e in un atteggiamento di tipo vagamente infantile. Vari possono essere gli eventi della vita, in genere gioiosi, che ci riportano a quella beata sensazione. Uno di questi è certamente l'innamoramento, anche se qualcosa di infantile rimane sempre nell'amore, pure dopo la fase acuta dell'innamoramento vero e proprio. Le parole, la voce, i gesti, il modo di rivolgersi l'uno all'altro, le attenzioni, le premure, gli scherzi innocenti, le finte arrabbiature, i mezzi rimproveri, i giuramenti, le affermazioni iperboliche e allo stesso tempo serissime, autocentrate e ammiccanti, sono altrettanti esempi del contorno di comportamenti di tipo infantile che caratterizza i rapporti d'amore, anche di due persone adulte.

Nell'amore romantico rivive insomma in eterno un clima emotivo di tipo infantile che può essere evocato in ogni momento e che aiuta ad affrontare il quotidiano, anche se l'amore può vivere spesso di una sorta di vita tutta sua, parallela a quella prevalente nelle diverse giornate della vita.

Nell'innamoramento fila tutto in perfetta sintonia e le varie componenti del fenomeno amoroso si presentano saldamente intrecciate e compatte. C'è il desiderio sessuale, ma non è solo desiderio sessuale, c'è la voglia di tenerezza e di tenerezze, ci sono le paroline dolci, le smorfie e smorfiette, i vezzi e le ingenuità del periodo infantile, la fiducia nell'altro e nello stesso tempo la paura di perderlo, una continua voglia di dialogo, interiore ed esteriore, con la persona amata, la pienezza dell'oggi e l'incrollabile fiducia nel domani, il darsi e il prendere per sé della mente e della corporeità.

Le diverse componenti dell'amore romantico si possono dissociare e mostrarsi nella loro individualità quando l'amore non c'è più o non c'è più abbastanza o quando sull'amore vero e proprio si innestano fenomeni patologici, relativi agli individui o alla coppia. In tali circostanze si possono osservare alcune componenti allo stato puro o in posizione predominante: l'affetto si separa dalla sessualità, entrano in ballo componenti secondarie come l'orgoglio, il desiderio di possesso, un esasperato infantilismo, la piccosità, l'egoismo, una grande irragionevolezza e via discorrendo.

Un caso a parte è rappresentato dal tradimento, saltuario

o continuato. Quando l'amore principale si è allentato o spento del tutto, è possibile che i membri della coppia intreccino relazioni con altre persone, a volte mantenendo uno stretto rapporto con il partner, complici magari i figli. I dati statistici dimostrano che il tradimento saltuario è più frequente di quanto non si creda, ma non sempre questo si configura come vero e proprio amore. Diverso è il caso di una lacerazione a lungo perpetuata se non cronicizzata fra un amante (o un'amante) e il coniuge. In tal caso si può anche osservare allo stato puro la natura essenzialmente doppia dell'amore umano: il sesso può portare da una parte e l'affetto da un'altra, generando veri e propri drammi e traumi psicologici, anche se ciò non è facile da capire per chi non ha o non ha avuto tale esperienza.

Anche questo ovviamente è amore, ma è un amore che mostra la sua trama, un tutto che si sfilaccia nel complesso delle sue parti. Che possono essere invece spesso così intimamente fuse e amalgamate da rendere impossibile il loro riconoscimento. Nell'amore c'è la sessualità, il desiderio e anche un'inconscia aspirazione alla prevaricazione, egoismo e altruismo, desiderio di futuro e nello stesso tempo di stabilità eterna, tenerezza e brutalità. La chiave di tale fusione di istanze individuali sta secondo me nella esplosiva e creativa miscela dell'istinto riproduttivo nei suoi aspetti più materiali e imprescindibili con l'universo emotivo dell'amore filiale e materno. Si può infatti spasimare per un corpo, ma ci si innamora solo di un volto, di un comportamento, di un modo di camminare o di ridere. Il sesso può prescindere a volte dall'individualità dell'altro, l'amore mai. Il sesso ha le sue intermittenze, l'amore no. Il sesso ha i parossismi di uno stantuffo, l'amore la tacita continuità di un volano. Il sesso è l'incontro con una terza persona, l'amore è l'incontro con un altro Io, e genera e introduce in noi il Tu, la seconda persona intrapsichica che tanta importanza ha nella nostra vita psichica e non solo.

Diversi sono gli aspetti contraddittori del fenomeno amoroso e della speciale natura del rapporto che lo caratterizza, quasi tutti centrati sui nuovi e inusitati significati che questo « irresistibile laccio » (Ibico) costringe ad attribuire alle parole chiave io e tu. Ad alcuni di questi abbiamo già accennato sopra, in connessione con le posizioni di Heidegger e Sartre sull'amore: Vorrei che tu fossi come io desidero, ma anche come sei effettivamente. È proprio come sei che ti amo: *Amo* vuol dire *Volo ut sis*. Ma poi non mi basta mai, perché ogni acquisizione prospetta un nuovo traguardo. Vorrei anche che tu fossi assolutamente libera, libera di amarmi, e per sempre. Non accetterei che tu mi amassi per convenienza o per ubbidienza, né per adesione a un modello, per consuetudine o per inerzia. Così so che mi comporto io: ti amo in piena libertà. Ma io mi conosco, ed entro certi limiti so dire per quale motivo lo faccio e come questo accada, mentre di te come posso essere sicuro? A quali prove ti devo, o ti dovrei, sottoporre per essere certo che tu mi ami veramente? E che continuerai ad amarmi per sempre? La letteratura di tutti i tempi è piena di esempi di storie travagliate e talvolta crudeli che narrano le prove alle quali l'amante sottopone l'amata o l'amato con insistenza quasi paradossale per verificare l'entità e la costanza del suo amore. La più nota è forse la storia di Griselda, narrata dal Boccaccio nel *Decamerone* e da Geoffery Chaucer nei *Racconti di Canterbury*, storia degna in tutto e per tutto delle persecuzioni cui va incontro Giobbe nella Bibbia, sempre allo scopo di saggiare la sua fedeltà, anche se a una diversa fede e a ben altro amore.

Per non parlare del « mostro dagli occhi verdi che spregia

la carne di cui si ciba» (Shakespeare), ovvero degli «avvoltoi della gelosia» (Lucrezio), da cui l'innamorato è spesso divorato. Quando c'è, la gelosia rappresenta una contraddizione nella contraddizione. So che mi ami, ma... non si sa mai. Basta uno sguardo, una parola o un silenzio, un moto del corpo, l'espressione di un pensiero per scatenare l'inferno del sospetto. Che a volte è peggiore della certezza. Vorrei insomma assicurarmi che tu sia veramente libera di amarmi, perché il rivale o la rivale può anche essere un gigante onnipotente o l'interprete di una contingenza assolutamente irrilevante ma per me dolorosissima. Io e te non siamo soli al mondo ma io vorrei che tu vedessi soltanto me. E non pensassi a nient'altro. Voglio che tu sia come sei, se sono sicuro di sapere fino in fondo come sei. Ma lo sono veramente?

Di solito le contraddizioni non stanno nelle cose ma nella nostra mente. In questo caso i nodi problematici possono essere in parte districati proprio prendendo in considerazione la natura ibrida e doppiamente duale dell'amore romantico, che partecipa della bruciante necessità del rapporto sessuale e riproduttivo e della sempre rinnovata contingenza di un legame affettivo ricalcato su quello madre-figlio e padre-figlia, vissuti alternativamente: un attimo sono padre e l'attimo dopo sono figlio. E lo stesso vale per te.

Della funzione riproduttiva non si può assolutamente fare a meno e immani risorse sono mobilitate a questo scopo; innumerevoli stratagemmi sono messi in atto e laccioli di ogni tipo vengono predisposti al fine di raggiungerlo, per ottenere cioè l'effetto che almeno qualcuno cada nella trappola tesa dal soggetto in questione e magari che questo qualcuno sia il migliore cliente possibile. Tutto è permesso in questa giostra e nel conseguente torneo, come è ampiamente illustrato dallo studio dell'azione della cosiddetta selezione sessuale.

Se vogliamo poi prendere in considerazione la funzione sessuale e riproduttiva tipica dei mammiferi superiori e a maggior ragione dell'uomo, occorre considerare almeno due altri aspetti: la convenienza da parte del maschio che i figli che deve tirar su siano suoi e non di un altro, e la convenienza da parte della donna che i suoi figli, concepiti non importa con chi, siano comunque cresciuti con il contributo e la protezione del maschio migliore. E questo se si considerano solamente le istanze biologiche, trascurando quelle sociali e culturali, che pure sono tantissime e di tanti tipi diversi.

Ma oltre alle vicende del desiderio sessuale e del rapporto biologico, culturale e sociale fra i sessi, nell'amore romantico umano pesano anche altre ben diverse istanze, originariamente legate alla sopravvivenza e all'esigenza di crescere al meglio fino al raggiungimento dell'età riproduttiva, cioè quelle del rapporto genitore-figlio e figlio-genitore vissuti alternativamente, con le loro idiosincrasie. Ad esempio il figlio pensa che può chiedere tutto, ma il genitore sa che non si può dare, né avere, tutto. Il figlio ritiene che il presente sia eterno, mentre il genitore sa che così non è. Il figlio può contare su uno spirito di abnegazione quasi assoluta da parte del genitore, mentre questo conosce i limiti di ogni infinito. Ma il minuto dopo costui o costei veste i panni del figlio e lo pretende. Nel figlio c'è un'embrionale consapevolezza del proprio io, mentre nel genitore questo aspetto è ben presente e molto sviluppato. Nel figlio esiste una qualche forma di identificazione intuitiva fra l'io e il tu, che nell'adulto non ha alcuna ragion d'essere, almeno a priori. E via discorrendo in un continuo, insensibile alternarsi di personificazioni.

Esiste quindi una doppia oscillazione nel rapporto amoroso: quella fra le urgenze della sessualità e della sua gestione e le peculiarità del rapporto genitore-figlio, ma anche fra le pretese e le aspettative di uno che sia genitore e quelle di uno che sia figlio. Tutte queste sono caratteristiche biologiche e quindi universali, ma ne esistono poi un'infinità di altre di natura storica e culturale che rendono il quadro molto più complicato e disuniforme. È comprensibile allora che si sia restii a tentare di districare questo groviglio vivente e a cercare di dare un nome e una rappresentazione concettuale a ciascuna componente di questo fenomeno. Ma il fatto che sia difficile o difficilissimo non è di per sé una giustificazione per non provarci e per non tentare di individuare almeno le linee essenziali del legame amoroso e della sua fenomenologia.

A ben guardare non esiste neppure una perfetta simmetria fra i due sessi nella vicenda amorosa e nei suoi sviluppi. Le esigenze della funzione riproduttiva e delle cure parentali orientano in maniera un po' diversa la mamma verso i figli di entrambi i sessi di quanto non facciano con il papà. « L'uomo per la donna è un mezzo, il fine è sempre il figlio », dice lo Zarathustra di Friedrich Nietzsche. Messa in questi termini, si tratta probabilmente di un'esagerazione, ma un elemento di verità vi è contenuto. La natura ci porta a questo e quando la natura parla, direttamente o indirettamente, è difficile fare orecchio da mercante.

Nelle specie che noi definiamo più evolute la femmina investe di più nella riproduzione: porta i gameti più grandi – le cellule-uovo –, sostiene il peso della gestazione e nei mammiferi anche dell'allattamento, e si prende maggiormente cura, almeno all'inizio, dell'allevamento della prole. Nella nostra specie è anche abbastanza ovvio che la madre curi di più i rapporti con i figli anche quando questi sono cresciuti. In virtù di tutti questi aspetti la relazione affettiva fra la madre e i figli è leggermente più consistente di quella che con i figli intrattiene il padre. Così avviene che con il passare degli anni una donna possa perdere di vista il suo legame con l'uomo con il quale vive, ma molto raramente farà lo stesso con i figli.

Le donne hanno una passione speciale per i figli, speciale e duratura. Capita spesso che una signora di una certa età si sia raffreddata nei rapporti con il suo uomo o non sappia più essere molto affettuosa con lui, o non lo ritenga utile o conveniente. Ma difficilmente potrà fare a meno di riversare tutte le sue affettuosità, nei comportamenti e nelle espressioni verbali, sui figli, o più in generale sui bambini. È particolarmente in questi casi che si svela allora il gioco dell'amore: atteggiamenti e affettuosità che sono sempre adeguati nei confronti dei bambini, al momento opportuno possono venire utilizzati anche con il compagno nel pieno del vortice amoroso.

Nei vezzi per i figli e nelle affettuosità a loro rivolte appaiono spesso adolescenti innamorate anche molte donne che di fatto non lo sono più. Fino al prossimo innamoramento o alla prossima tempesta sentimentale. Ci sarà allora una nuova regressione a stadi infantili, con l'accompagnamento di complimenti, di carinerie e di coccole materiali e verbali. Il cuore è sempre pronto a ringiovanire, a palpitare e a sognare. E quando lo fa, lo fa sempre più o meno con le medesime modalità.

Anche la ricerca scientifica sembra ci stia dicendo qualcosa sulle basi materiali del fenomeno dell'amore. Ci possiamo chiedere infatti che cosa permette e che cosa favorisce l'amore. Si tratterà probabilmente di un insieme di meccanismi e di circuiti nervosi che scattano al momento opportuno con il coinvolgimento di alcuni ormoni e neuromodulatori. Dicendo questo non affermiamo niente di originale né di inatteso, ma riusciamo a entrare più nel dettaglio? Sembra proprio di sì. Stiamo infatti imparando un certo numero di cose, soprattutto a proposito di un paio di piccolissimi ormoni proteici dalla struttura molto simile, l'ossitocina e la vasopressina.

Abbiamo già visto che l'ossitocina cerebrale è molto importante nella vita di una femmina di mammifero perché implicata nella preparazione al parto, nel travaglio vero e proprio e nell'allattamento. Sembra inoltre controllare anche l'attaccamento della madre al figlio. Si è visto ad esempio che un'infusione di ossitocina nel cervello di una pecora la fa attaccare profondamente a un agnello presente al momento, anche se non è uno dei suoi.

D'altra parte un rapporto di coppia duraturo si presenta abbastanza raramente nei mammiferi e quando questo accade sembra naturale invocare meccanismi simili a quelli che regolano il rapporto affettivo che lega una madre al figlio. L'osservazione sperimentale dice che nell'accoppiamento dei mammiferi che hanno una tendenza a formare una coppia monogama c'è un temporaneo aumento di ossitocina nel cervello della femmina e che un'infusione di ossitocina causa l'attaccamento di una femmina al maschio presente in quel momento.

L'ossitocina è una sostanza che interagisce con il circuito cerebrale della dopamina, da noi più volte evocato. Anche nell'essere umano si è notato a questo proposito che lo stesso tipo di « premio » mentale collegato al flusso cerebrale di dopamina è presente tanto nel cervello di una mamma che guarda l'immagine di un figlio come in quello di un'innamorata che osserva l'immagine dell'amato.

La contaminazione fra la relazione tra due membri di

una coppia e quella tra madre e figlio potrebbe anche spiegare alcune caratteristiche tipiche dell'amore umano, come l'esistenza di un'attrazione sessuale continua, cioè indipendente dai periodi di fertilità o di infertilità e il valore erotico dell'esibizione del seno femminile. Si osserva d'altro canto che nei momenti più intensi di un rapporto sessuale c'è in una donna un notevole rilascio di ossitocina, che potrebbe certamente contribuire a rafforzare il legame fra i due partner. Particolarmente interessante è infine il fatto che l'ossitocina è implicata anche nell'inclinazione a fidarsi. Un'inalazione di questo ormone induce un dato soggetto ad avere maggior fiducia nei propri simili.

Meno compreso è l'aspetto maschile della questione, ma pure qua qualcosa, di recente, abbiamo imparato. Anche nei maschi esistono meccanismi ormonali e nervosi simili, ma qui l'ormone che la fa da protagonista è prevalentemente la vasopressina, piuttosto che l'ossitocina. Il rapporto fra la vasopressina e i suoi recettori è stato implicato da tempo nel comportamento sessuale dei maschi di alcune specie di mammiferi, regolandone la maggiore o minore «fedeltà» verso la compagna di accoppiamento.

Le arvicole, o topolini delle praterie, ad esempio, sono piccoli roditori del genere *Microtus* molto studiati per le loro abitudini sessuali. Ne esistono infatti specie nelle quali il maschio ha un comportamento monogamico e altre nelle quali il maschio ha abitudini più «libertine». La specie di pianura, chiamiamola M, mostra una struttura sociale di tipo monogamico, mentre gli individui di una specie affine che vive sulle alture, chiamiamola P, hanno uno stile di vita solitario e poligamo. Anche analizzati in cattività, gli esemplari delle due specie mostrano comportamenti chiaramente diversi. Dopo l'accoppiamento, il maschio M tende a trascorrere più tempo vicino alla femmina con la quale si è accoppiato, cercando di tenere gli altri maschi lontani da lei, e si prende cura della prole. I maschi della specie P non mostrano invece nessun attaccamento preferenziale per una specifica femmina e trascurano la prole.

Una decina di anni fa si notò che le due specie differivano, tra le altre cose, per i livelli di espressione dei recettori dei due neuropeptidi ossitocina e vasopressina, rilasciati nel cervello in concomitanza con l'atto sessuale e implicati in un certo numero di comportamenti connessi con la riproduzione e la cura della prole da parte degli animali dei due sessi. Per quanto riguarda in particolare i maschi, il recettore *1a* della vasopressina è presente in quantità maggiore nel *pallidum* ventrale del cervello dei topolini M che in quelli P. Questa regione del cervello, in associazione con il limitrofo *nucleus accumbens*, fa parte del sistema di rilascio di « ricompense intracerebrali » che segnalano all'individuo se vale o meno la pena di ripetere una particolare esperienza.

Se nei maschi delle due specie si alterano sperimentalmente i livelli della vasopressina nel loro *pallidum* ventrale oppure della dopamina nel loro *nucleus accumbens* si può ottenere il passaggio dall'uno all'altro comportamento, mostrando così quanto questi piccoli neuropeptidi siano importanti per indirizzare il comportamento del maschio dopo l'accoppiamento. Poiché il livello dei recettori della dopamina è più o meno lo stesso nei maschi delle due specie, sembra ragionevole attribuire la differenza di comportamento dei maschi delle due specie all'azione della vasopressina.

Quest'ipotesi può essere verificata direttamente introducendo il gene del recettore *1a* della vasopressina presente nel genoma dei topolini M in quello dei topolini P. È quello che è stato fatto e il risultato è stato chiaro: un maschio appartenente alla specie P che porta nel proprio genoma il gene di un esemplare M mostra un comportamento molto simile a quello di un maschio M, almeno per quanto riguarda l'attaccamento alla compagna. Non si prende invece troppa cura della prole, mostrando che tale attitudine è controllata da altre sostanze, operanti in altri circuiti nervosi. Il maggior attaccamento alla compagna del topo portante il gene M può essere poi ridotto o soppresso, bloccandogli i recettori della dopamina, confermando così che questo neurotrasmettitore è effettivamente quello che media gli effetti della vasopressina sul comportamento del maschio.

Qualcosa di simile potrebbe verificarsi anche nella nostra specie, dove esistono due varianti del gene che codifica il recettore della vasopressina, denominato appunto AVPR1A. Individui di sesso maschile che portano una delle due varianti di questo gene hanno una vita sentimentale molto più intensa e duratura dei portatori dell'altra variante. È chiaro che siamo solo all'inizio, ma prima o poi capiremo qualcosa anche di questi fenomeni, a beneficio di chi lo vuole sapere, ma anche di chi non lo vuole sapere.

Non solo amore romantico

Una delle caratteristiche più rilevanti dell'amore romantico è la sua importanza come forza individualizzante, in grado di dare a un individuo fra i tanti una posizione di assoluto rilievo e di convogliare su quello una serie unica di sensazioni e di emozioni. L'amore per i propri familiari più stretti e quello per la persona amata monopolizzano una porzione estremamente significativa dei nostri stati emotivi e dei nostri sentimenti. La nostra disposizione ad amare i congiunti e ad amare di un amore romantico una persona incontrata nel corso della nostra vita, costituisce poi un modello fondamentale per tutti gli atteggiamenti di attaccamento che sviluppiamo nella nostra vita e che in fondo contribuiscono a tenere insieme la società, al di sopra e al di là della convenienza e delle leggi.

Il nostro bisogno di rapportarsi a qualcuno è così radicato nel nostro animo da generare in ciascuno di noi almeno un Tu intrapsichico, una figura interiore alla quale ci rivolgiamo in continuazione e con la quale non possiamo fare a meno di interloquire, sia essa riferita alla mamma, all'innamorata o all'amico del cuore. Si tratta chiaramente di un Tu impersonale che può assumere di volta in volta un volto diverso e una voce diversa. Nel corso della vita infatti si origineranno per ciascuno di noi un certo numero di Tu intrapsichici, diversi ovviamente da persona a persona, ma anche da momento a momento per quanto riguarda la stessa persona. La formazione di un Tu intrapsichico è un momento essenziale del nostro sviluppo mentale e psichico e un elemento portante di tutta la nostra personalità.

L'amicizia, lo spirito di gruppo o di corpo, la fraternità con gli amici e i compagni di scuola, lo spirito gregario e la tendenza ad appartenere ad associazioni e organizzazioni dei tipi più diversi, possono essere viste tutte come conseguenze della disposizione a trovare madri e padri un po' dappertutto e ad attaccarsi a quelli. Questa nostra tendenza dura tutta la vita, anche se è particolarmente viva nell'infanzia e nell'adolescenza. E dura tutta la vita proprio perché l'animale uomo non diventa mai completamente adulto.

Qualche anno fa attrasse una certa attenzione e destò un certo interesse una singolare proposta del sociologo Francesco Alberoni che pensò di definire l'innamoramento come un « movimento collettivo a due ». La proposta coglieva in effetti il nesso profondo fra l'amore e la disposizione alla partecipazione sociale e anche all'« innamoramento » per un gruppo o per un collettivo, nella cornice complessiva del quadro che abbiamo appena delineato. Si invertivano però secondo me i termini della questione: non è l'innamoramento che rappresenta un movimento collettivo a due, ma i movimenti collettivi che assumono i connotati di un innamoramento a più persone.

Queste nostre disposizioni, che informano la maggior parte dei nostri atteggiamenti sociali, sono ben note, anche se spesso vengono considerate ovvie e scontate, assunte come un dato di fatto, senza una riflessione sulla loro origine primariamente biologica. L'uomo si vergogna sempre molto della sua componente biologica e tende a ignorarla, mostrando così un atteggiamento molto poco razionale e indegno della sua capacità di riflettere sui fatti di natura. Ci si può allontanare quanto si vuole dalla nostra matrice biologica ma è poi sempre con quella che dobbiamo fare i conti, tanto dal punto di vista teorico quanto da quello pratico. Per quanto concerne infine l'origine delle strutture e delle funzioni, le nostre radici biologiche possono anche essere considerate come estremamente remote, ma non se ne può assolutamente negare l'importanza.

Natura e rilevanza delle emozioni

In questo capitolo abbiamo parlato del mondo delle emozioni e dei moti affettivi, cercando di inscrivere il tutto in una visione più complessiva della vita e delle sue vicissitudini. Ne sono emersi alcuni temi portanti, oggi abbastanza chiari ma che hanno richiesto del tempo per farsi prendere in considerazione e apprezzare.

Il primo tema riguarda il rapporto fra le emozioni e la cognizione e la loro importanza relativa. Anche se nella storia ci sono state grandi oscillazioni riguardo al peso da attribuire rispettivamente all'emotività e alla razionalità, la ricerca degli ultimi decenni nel campo delle neuroscienze ha indubbiamente privilegiato lo studio degli aspetti cognitivi e computazionali della mente e del suo funzionamento, non fosse altro che perché ciò appariva più semplice. Più di recente c'è stata però un'inversione di tendenza e non c'è più nessuno che non riconosca oggi l'assoluta rilevanza degli aspetti emozionali e della loro relazione con il resto dello psichismo. Nel libro *Le ragioni del cuore* di Guglielmo Bellelli sono magistralmente riassunti i risultati della ricerca più recente nel campo delle emozioni e vi si può leggere un quadro complessivo di questo fervore di studi, sul piano teorico e sperimentale. Un numero enorme di analisi sono state infatti dedicate alle emozioni, alla loro origine, al loro ruolo, alla loro espressione, al loro ricordo e magari al loro controllo.

Da tutto questo emerge con chiarezza il secondo tema, che è quello della natura e della funzione originaria delle emozioni. Di ciò abbiamo parlato molto sopra, essenzialmente perché in genere se ne parla troppo poco, e non possiamo fare altro qui che riassumere. Le emozioni, in sostanza, sono elementi naturali primari, necessari per vivere e per vivere al meglio, dei quali si potrebbe molto difficilmente fare a meno. Sono un commento continuo alle vicende, positive e negative, della nostra vita. Sono lì per metterci in guardia e per prepararci, anche se a volte possono farlo in maniera eccessiva e non rispondente alle condizioni reali. Le emozioni negative servono a metterci sul chi vive all'occorrenza, quelle positive a farci osare e a insegnarci a mantenere una mente più aperta rispetto a nuove evenienze. In virtù di questo loro ruolo primario, le emozioni, e più in generale le colorazioni emotive, vanno immagazzinate e ricordate e devono poter essere richiamate al momento opportuno. Per le più negative, insistenti e traumatiche sarebbe anche opportuna una selettiva dimenticanza, ma questo meccanismo non è affatto efficiente. Evidentemente il vantaggio dell'oblio non compensa sufficientemente lo svantaggio della dimenticanza, perché dal punto di vista organico viene prima la sopravvivenza. Nessun atto mentale, infine, può prescindere dalla componente emotiva e la moderna psicologia dei gusti e della decisione ci insegna quanto passionali siamo nel compiere tutte o quasi le nostre scelte. Altro che animale razionale!

Il terzo tema – quanto mai delicato, ma troppo spesso trattato con grande superficialità – riguarda l'adattamento al sociale al quale le emozioni hanno dovuto necessariamente andare incontro nella nostra specie. L'emozione, e in misura minore anche il dolore, non è più solo un dialogo privato fra me e il mio corpo, soprattutto per quanto riguarda la sua espressione, ma anche per quanto concerne la sua dimensione effettiva. Va da sé che l'espressione delle emozioni, al di là della loro occasionale urgenza e imprescindibilità assoluta, è intrinsecamente orientata verso chi mi circonda, e spesso anche verso chi mi potrebbe eventualmente circondare. Sottolineiamo alcune emozioni e ne ratteniamo o sopprimiamo altre a seconda di chi ci sta intorno e dell'effetto che vogliamo ottenere su costoro. Perché, abbiamo visto, l'espressione delle emozioni è anche una forma, peraltro molto immediata, di comunicazione.

Ciò ci procura a volte un vero e proprio tormento: dissimulare una forte emozione, controllare un rossore, «vincere l'emozione» durante un qualsiasi tipo di intervento o di prestazione sono fra le cose più difficili da fare, al punto che per qualcuno la parola emozione ha solo questa pesante e fastidiosa connotazione. È un errore, ma un errore comprensibile per chi si trova di frequente sotto scacco emotivo.

Su un piano meno impellente ma non meno evidente si trova la differenza nel coinvolgimento che ciascuno di noi può avere per lo stesso evento a seconda del contesto culturale nel quale è cresciuto e si trova al momento. Una cosa ci può apparire più o meno sorprendente, vergognosa o anche dolorosa a seconda delle convenzioni sociali che ci troviamo a condividere. Si parla in questi casi di *appraisal*, cioè di valutazione del vero peso della situazione. Allo stesso evento possono corrispondere *appraisal* molto diverse, in tempi e luoghi diversi. Basta pensare all'evoluzione che ha subito dalle nostre parti il concetto di « comune senso del pudore » nell'ultimo secolo, ma anche solo negli ultimi decenni. È inutile dire che sono particolarmente le contingenze vergognose e sconvenienti quelle che risentono di una valutazione diversa a seconda del clima culturale, ma anche la sorpresa, la contentezza e la collera ne possono risentire.

Il quarto tema riguarda il rapporto dell'universo delle emozioni con la malattia mentale. Di questo argomento abbiamo parlato brevemente alla fine del precedente capitolo, ma era abbastanza ovvio anche allora che più che a una questione di mente in senso stretto, era ragionevole pensare a un coinvolgimento della psiche come mondo complessivo delle emozioni e della cognizione nella genesi e nello sviluppo della malattia mentale, dalla più lieve alla più seria. È giusto quindi riprendere sia pur brevemente il discorso.

Sembra ovvio, abbiamo detto, che le emozioni c'entrino, e molto, nella malattia mentale, non fosse altro che per il motivo che questa si esprime spesso in sofferenza emotiva e in esaltazione o al contrario quasi cancellazione di alcune istanze emotive. Ma è poi vero? Che cosa sappiamo veramente oggi sul rapporto fra emozioni e disagio mentale? Quasi nulla direi, al di là dei facili slogan e della sciagurata volgarizzazione delle pseudospiegazioni ammanniteci quotidianamente da una psicologia da rotocalco, che non è spesso altro che una psicologia ingenua, cioè innata e primitiva, con il vestito bello della domenica. Non si può che essere ottimisti su questo punto e sperare che prima o poi comprenderemo qualcosa di serio su un argomento tanto rilevante, ma certo ci sarà molto da lavorare, sforzandosi prima di tutto di andare oltre l'ovvio, che come è noto è quasi sempre falso.

Resta un ultimo interrogativo, anche questo non sappiamo quanto pertinente, riguardo alla natura della felicità. Tra le sei emozioni fondamentali è compresa, come abbiamo visto, la felicità, o meglio la sua espressione. È difficile obiettare a tale inclusione, ma è altrettanto evidente che nel linguaggio quotidiano usiamo la parola felicità per designare uno stato che va oltre il vivere una semplice emozione. L'uomo parla da sempre di felicità, come se avesse chiaro di che cosa sta parlando, e occorre ricordare che Aristotele faceva del raggiungimento della felicità (*eudemonìa*) lo scopo primario di ogni nostra azione. La felicità secondo Aristotele non era poi legata al raggiungimento di questo o quel bene esterno, ma era un fatto interno, un modo di essere e di sentirsi, la percezione del flusso stesso della vita e delle sue attività.

Occorre quindi probabilmente distinguere fra una felicità momentanea e momentaneamente esprimibile e una felicità come stato di una certa durata, come una pienezza di vita apprezzata dal soggetto stesso, che se ne compiace. Riguardo a questa seconda definizione di felicità occorre notare due fatti, abbastanza ben accertati. Innanzitutto ciascuno di noi tende a dare una valutazione abbastanza positiva del suo stato d'animo del passato, in genere molto più positiva di quello che noi stessi davamo allora. Il nostro stato trascorso ci sembra in genere abbastanza felice e più felice di quello del presente. In secondo luogo, le persone tendono a definirsi ragionevolmente felici nella maggior parte delle situazioni. Poiché non possediamo un metodo oggettivo di valutare la felicità o meno di un individuo, dobbiamo fidarci delle sue affermazioni.

Tutto ciò significa che uno stato di moderata soddisfazione, seppure intermittente, è funzionale al nostro vivere e alla nostra capacità di affrontare le vicissitudini della vita, che non sono tutte invariabilmente positive. Per poter interpretare correttamente anche le emozioni negative, occorre insomma partire da uno stato di soddisfazione non troppo deteriorato. Possiamo considerare la percezione di un certo stato di felicità come un segnale che tutto va abbastanza bene e che siamo al timone della nostra esistenza, il che è poi il massimo a cui possiamo aspirare.

A originare uno stato d'animo positivo che si estenda per una ragionevole durata possono contribuire un certo numero di fattori diversi, come la serenità, la contentezza, la soddisfazione, la gioia e una certa quantità di esaltazione. È un momento magico, un fuoco vibrante, una sicurezza dell'oggi come oggi, che qualche volta ci coglie e che può durare anche per qualche tempo, in connessione con grandi eventi, grandi raggiungimenti e di certo l'amore.

Già, l'amore! Uno stato d'animo molto coinvolgente che può fare soffrire o esaltare, ma che raramente lascia indifferenti. Si tratta di un grande attrattore, un centro di nucleazione per molti sentimenti e affetti diversi, che si mobilitano e si vanno a raccogliere intorno a un tema portante. Un compagno costante o intermittente, una forza che trascina una, due o più persone in un vortice di sensazioni e di pensieri che monopolizzano il loro essere e il loro agire. La porta obbligata della maturità e della vita impegnata, che svolge una funzione unica e insostituibile nella nostra vita. Anche a questo abbiamo cercato di dare un'occhiata nel presente capitolo, adottando un punto di vista non convenzionale e tentando un approccio quasi scientifico.

3

I GRADI DELLA COSCIENZA

La prima persona non singolare

Molte sono le cose che destano
meraviglia e stupore, ma nessuna più dell'uomo
Sofocle, *Antigone*

Il problema

E veniamo alla questione della coscienza. Che cosa succede al vertice di tutto quello che abbiamo descritto e che ci fa talvolta percepire qualcosa o un intero mondo con grande evidenza e immediatezza? Che cosa succede che trasforma, per il soggetto in questione, una serie più o meno organizzata di impulsi e messaggi nervosi in uno stato che permette una percezione distinta della propria interiorità o, almeno, di una serie di quadri interiori che di volta in volta riempiono l'istante? Che cosa ci fa dire: Penso questo; Credo questo; Sento questo; Voglio questo? Che cosa ci ricorda chi siamo e che cosa stiamo facendo, più quello che ci piacerebbe fare? Che cosa sostiene un ragionamento anche complicato che ci impegna la mente per qualche tempo e da qualche tempo? Che cosa ci permette di pronunciare una frase o di leggere la pagina di un libro, compreso questo libro?

Non è una domanda da poco. È anzi una di quelle da far tremare le vene e i polsi. E forse *è* la domanda: «E io che sono?» Chi sono io?

Non c'è dubbio che la coscienza si trovi a un livello integrativo superiore dell'attività psichica. Su questo non c'è discussione. Se non c'è dubbio su cosa significhi funzione integrativa, dobbiamo chiederci che cosa significa superiore e quante attività superiori ci siano. Queste questioni già spinose in sé divengono ancora più intricate se si cerca di considerare le pertinenze rispettive della nostra specie e delle altre. Quanto, in altre parole, è caratteristico della nostra specie e quanto lo abbiamo in comune con un cane, un lupo o uno scimmiotto?

Se da una parte noi siamo portati a riconoscere il più spesso possibile una nostra propria specificità, lo studio, comportamentale e fisiologico, degli animali anche piuttosto diversi da noi ci ha informato della ricchezza di funzioni che abbiamo in comune con essi, a tutti i livelli. Per quanto riguarda la coscienza o, almeno, una forma particolarmente elevata di coscienza che qualcuno chiama autocoscienza, tendiamo a pensare che sia appannaggio esclusivo della nostra specie. Certo, noi sappiamo personalmente che ce l'abbiamo, ma questo non significa che altri esseri non ce l'abbiano. L'intera faccenda viene ulteriormente complicata quando ci si va a interrogare sulla possibilità che anche alcune macchine possano giungere alla coscienza. Tutto dipende allora dalla definizione di coscienza. E quindi vediamola.

La coscienza

Per poter essere comunicate, e spesso anche per poter essere perfezionate, le idee devono passare per la coscienza. Stiamo parlando ovviamente della coscienza di sé o autocoscienza, il punto più elevato e forse inaccessibile delle nostre attività cerebrali, il problema dei problemi per le neuroscienze e per tutta la tematica della mente e del cervello. Tale problema ci terrà impegnati per molto tempo ancora e non è detto che in esso ci vedremo mai completamente chiaro. Ma vale la pena di tentare, cominciando innanzitutto a circoscrivere il problema e a darne una descrizione il più possibile operativa e riproducibile.

Certamente nel concetto di coscienza confluiscono diverse componenti non completamente definite e omogenee. È noto d'altra parte da tempo che il saper definire un concetto problematico è già parte non insignificante della sua soluzione e non si può pretendere a sua volta una definizione univoca di un concetto che presenta problemi. Conviene forse, come ho fatto altre volte, definire i possibili significati della parola coscienza su una base metodologica, sulla scorta cioè degli strumenti che possono essere utilizzati per studiarli.

Sulla base di tale criterio, quello dell'accessibilità, distinguerei almeno tre diversi significati di questo termine: la consapevolezza, l'autocoscienza esplicitabile condivisa e la cosiddetta coscienza fenomenica.

Esiste innanzitutto la consapevolezza, la capacità di rendersi conto di dove siamo, di che cosa stiamo facendo e anche di come lo possiamo fare. Qualsiasi essere umano ha tale consapevolezza, ma questa facoltà caratterizza anche molti animali, che sono più o meno consapevoli di ciò che stanno facendo, che vorrebbero fare o che stanno per fare. Questi si rendono conto della situazione nella quale si trovano, di ciò che potrebbero fare, con le eventuali conseguenze, e di ciò che conviene loro fare. Un cane può avere voglia di andare in una stanza, ma se sa che il suo padrone non vuole, non ci va finché questo guarda: appena costui non guarda più, quatto quatto vi si dirige. Non possiamo in tal caso non parlare di consapevolezza. Una tale consapevolezza possiede ovviamente moltissime gradazioni a seconda del livello di complessità del sistema nervoso dell'animale di cui stiamo parlando. Si tratta di un fenomeno che può essere oggetto di osservazioni comportamentali e di altre indagini condotte con le metodologie delle neuroscienze, ma certamente non di un colloquio. La pura consapevolezza può essere cioè solo studiata dall'esterno, con l'osservazione ed eventualmente con la sperimentazione, come un qualsiasi altro fenomeno naturale.

Esiste poi una coscienza esplicitabile e condivisa dalla maggior parte degli esseri umani adulti. Poiché noi abbiamo la capacità di parlare, questa forma di coscienza può essere studiata comportamentisticamente come la consapevolezza degli animali e dei bambini piccoli, ma può anche essere oggetto di una conversazione. È in particolare attraverso la parola che possiamo affermare di avere coscienza di avere coscienza, di avere cioè una coscienza di secondo grado, una facoltà che non potrebbe probabilmente essere inferita dalla sola osservazione del comportamento. Ogni soggetto è inoltre in grado di raccontare tante cose di sé e della sua interiorità. È chiaro infine che non può esserci autocoscienza senza consapevolezza, ma ovviamente non è vero il contrario. Dovrebbe essere chiaro tuttavia che in noi anche la semplice consapevolezza è influenzata e « colorata » spesso sulla base della nostra facoltà di parlare e di pensare per parole. È anzi probabilmente l'interazione di queste due forme di coscienza che ci rende unici e discorsivamente unitari e *individui*.

A questo proposito è opportuno notare che avendo scelto un criterio metodologico – basato cioè sulla metodologia d'accesso – per definire le forme di coscienza, non possiamo considerare qui un eventuale ruolo del linguaggio stesso nella formazione della coscienza di secondo tipo. Ma prima o poi andrà fatto.

Secondo qualcuno esiste infine una coscienza fenomenica, privata, intrinsecamente incomunicabile e accessibile soltanto dal diretto interessato, cioè io o il mio Sé, questo non è chiaro, mediante l'introspezione. Osservando alcuni oggetti o vivendo determinati avvenimenti posso provare, e in effetti provo, sensazioni molto personali estremamente difficili da comunicare ad altri. Un orologio, una penna o a maggior ragione una foto possono avere per me, e solo per me, un significato speciale e assolutamente soggettivo. Si tratta di una particolare coloritura cognitivo-affettiva dei miei stati di coscienza, che mi fa dire « io ». Al momento non è chiaro se questa terza forma di coscienza sia effettivamente una coscienza e se sia necessaria perché la nostra mente possa funzionare o perché una qualsiasi « intelligenza » possa funzionare. È una questione aperta, oggetto di una quantità rilevante di ambiguità, ma possiamo momentaneamente assumere che esista. Ovviamente riferita agli altri Sé sulla base dell'analogia con il mio vissuto.

Siamo quindi in presenza di tre forme, o di tre livelli, di coscienza che presentano problematiche e prospettive diverse. I primi due fenomeni – la consapevolezza e la coscienza esplicitabile condivisa – possono essere certamente studiati scientificamente, mentre non è chiaro se ciò sia possibile per la coscienza fenomenica, qualunque cosa essa sia. La scienza infatti studia ciò che è riproducibile, utilizzando un approccio intersoggettivo e non è affatto chiaro fino a che punto ciò si possa applicare alla coscienza fenomenica. Converrà quindi prendere in considerazione le prime due forme: la consapevolezza che vale per quasi tutti gli organismi superiori, animali e uomini, e la coscienza esplicitabile condivisa tipica della nostra specie. Per la coscienza fenomenica ci sarà tempo poi.

Esistono molte altre analisi semantiche del termine coscienza e diversi tipi di « ripartizione » della stessa. Se si desidera confrontarle con la presente proposta occorre tenere conto che questa ha un carattere prettamente operativo e metodologico piuttosto che ontologico ed essenzialistico. Le tre forme o livelli che propongo sono definiti, prima di ogni altra cosa, dalla modalità di identificazione, di verifica e di esplorazione: nel primo caso l'osservazione « ragionata », nel secondo la categorizzazione e l'esplorazione linguistica, nel terzo caso, se c'è un terzo caso, la pura percezione del vissuto.

Una possibile illustrazione poetica dei tre livelli di coscienza si può vedere in un celebre brano di *A Silvia* di Giacomo Leopardi, come mi è stato fatto originariamente notare da Giovanni Berlucchi:

Porgea gli orecchi al suon della tua voce,
ed alla man veloce
che percorrea la faticosa tela.
Mirava il ciel sereno,
le vie dorate e gli orti,
e quinci il mar da lungi, e quindi il monte.
Lingua mortal non dice
quel ch'io sentiva in seno.

I primi sei versi illustrano il concetto di consapevolezza, consapevolezza dello stato della natura circostante, includente prevalentemente sensazioni di suoni e immagini. Con gli ultimi due sembra invece fare irruzione la coscienza fenomenica del poeta: *Lingua mortal non dice*... All'interno del terzo verso poi fa capolino per un attimo l'aspetto più prettamente umano di interpretazione metaforica della nostra coscienza esplicitabile: *che percorrea la* faticosa *tela.*

L'origine della coscienza

Negli ultimi anni molti autori si sono cimentati con il problema della natura, delle proprietà e dell'origine della coscienza e l'argomento è stato oggetto di molti libri, anche se di relativamente pochi articoli scientifici. Ci si sono misurati filosofi, psicologi e qualche scienziato, ciascuno con una sua visione e una sua proposta. Si tratta di definire che cosa è la coscienza, di illustrare come agisce e di quale utilità può essere per chi la possiede, di individuarne l'origine evolutiva e magari di indicare quando, approssimativamente, è comparsa nel corso dell'evoluzione degli animali superiori. Qualcuno infatti la considera appannaggio esclusivo della nostra specie, mentre altri ne vedono una certa continuità in specie animali diverse dalla nostra.

Un problema nel problema è costituito dall'origine della coscienza primaria, o nucleare, che secondo molti autori è il primo nucleo costitutivo della coscienza stessa. Gerald Edelman, che si è occupato dell'argomento in diversi libri, chiama in causa la percezione del mondo esterno e la sua rappresentazione. Su questa base la coscienza primaria coinciderebbe con l'embrionale capacità di « creare una scena », cioè una mappa interiore degli eventi esterni, sulla quale poi lavorare per impostare un ragionamento o un'azione. Il nocciolo sarebbe quindi rappresentato dalla percezione del mondo esterno, essenzialmente sulla base di quella funzione che abbiamo già chiamato esterocezione, e dall'interiorizzazione dei suoi contenuti.

Secondo questo autore noi avvertiamo la coscienza primaria come un « quadro » o un'« immagine mentale » degli eventi. L'elemento chiave nella creazione di una tale scena mentale è la percezione o, meglio, la categorizzazione percettiva, quel processo fondamentale attraverso il quale l'insieme dei segnali provenienti dal mondo esterno in ogni dato momento sono scomposti in una collezione di stimoli percettivi utili per la sopravvivenza. Si tratta sostanzialmente di quel processo che io ho già definito come il nocciolo del funzionamento dei nostri sensi, ma che non ho necessariamente assunto come cosciente. Il punto cruciale sarebbe poi secondo questa ipotesi l'associazione fra la categorizzazione percettiva e la memoria, sempre più vasta e organizzata con l'avanzare del processo evolutivo degli animali. Si arriverebbe così alla costruzione di un « presente ricordato », cioè di una scena mentale che colleghi in maniera costruttiva e utile eventi contingenti esterni con esigenze e valori del soggetto stesso. Anche di questo ho già parlato in queste righe, senza assumere che il processo sia sempre cosciente.

Abbastanza diversa è la posizione di Antonio Damasio, che chiama più direttamente in causa il mondo emotivo, anche se nella sua versione essenziale, e vede la coscienza primaria come un nodo di sensazioni e risonanze emotive abbastanza immediate sulle quali si può poi costruire tutto il resto. Non insisto su tali aspetti perché molte delle cose che abbiamo detto a proposito delle emozioni sono abbastanza affini a quelle che sostiene Damasio e certamente non sono in contrasto con quelle.

Derek Denton, un neurobiologo che studia da anni i meccanismi fisiologici che sottendono la percezione e il soddisfacimento dei bisogni biologici essenziali come la fame, la sete, il sonno, il bisogno d'aria, l'appetito per i diversi sali minerali, nonché la percezione del dolore e il desiderio sessuale, propone un terzo possibile elemento costitutivo della coscienza primaria, l'enterocezione, cioè la percezione non degli eventi esterni, ma di quelli interni al nostro corpo, come per esempio gli stimoli primari della fame e della sete, che non ci abbandonano mai e che accompagnano come un *Leitmotiv* di fondo tutti gli attimi della nostra vita. Il contatto continuo con questa nostra interiorità « corporea » starebbe quindi alla base dell'emergere di una coscienza di sé che dovrebbe poi arricchirsi di tutti gli altri elementi che conosciamo. Di molto di questo ho parlato nel precedente capitolo, definendone gli elementi essenziali come bisogni e motivazioni primarie, relativamente incomprimibili.

Denton ritiene che questi bisogni abbiano preceduto di gran lunga la comparsa della coscienza e che, forse, possano dirci qualcosa di molto interessante anche su di essa. Si tratta di una proposta che chiama in causa i bisogni e gli istinti primari e tutto il mondo delle emozioni primordiali e che ha anche il merito non trascurabile di tracciare un'affascinante linea di continuità fra le diverse specie animali, che sfocerebbe poi nel nostro complesso, intellettualizzato e autoconversante modo di vivere la coscienza in ogni frangente della quotidianità.

Personalmente, trovo del buono in ciascuna di queste proposte e penso che la coscienza primaria partecipi un po' di tutto questo. Con l'aggiunta, forse, della propriocezione, la percezione che ognuno di noi ha dello stato di tensione dei muscoli del proprio corpo e che mi permette di rendermi conto se sto in posizione eretta oppure seduto, comodo o scomodo, con le gambe allungate o con le gambe flesse, oppure sdraiato o in bicicletta o in macchina, in procinto di compiere questa o quella azione.

La coscienza primaria sarebbe quindi il modo nel quale

la percezione del mondo esterno, ma anche delle condizioni momentanee del mio proprio corpo, diviene una cosa « mia », interiore, omogenea a tutto ciò che già vi si trova, e « utilizzabile ». Utilizzabile per poter « agire », materialmente, mentalmente o anche solo attraverso un'espressione verbale. Può darsi che tutta la magia del fenomeno coscienza si risolva nel portare alla ribalta del mio Sé, inteso come centro senziente e progettante, certi contenuti della percezione che siano « pronti per l'azione » o addirittura già azione: cose che stanno a mezza via fra la constatazione e la progettazione, come dire « il progetto ».

Una proposta leggermente diversa dalle precedenti, ma sempre coerente con il quadro che abbiamo appena delineato, è quella di Jaak Panksepp, che vede alla base della coscienza primaria piuttosto le funzioni motorie fondamentali. Si osserva in questo caso uno spostamento dell'enfasi esplicativa dalle funzioni percettive a quelle motorie – una mossa che tira inevitabilmente in ballo il concetto nucleare di intenzione –, anche se è quasi impossibile dire quali di queste sono più antiche e fondamentali.

Abbiamo visto nel primo capitolo che esistono dei neuroni che partecipano tanto della natura percettiva che di quella motoria: i neuroni specchio. Ogni animale superiore, e certamente l'uomo, « sa » per natura che nella testa dell'altro funziona qualcosa di molto simile a quello che succede nella sua, a livello percettivo e progettuale ma anche emotivo. Gli altri si rispecchiano in noi, insomma, e noi negli altri. E questo anatomicamente e fisiologicamente, prima quindi di ogni riflessione ed elaborazione teorica. È difficile quindi non pensare che anche questa componente non giochi un ruolo significativo nell'originare un embrione di coscienza.

Le ipotesi sull'origine della coscienza primaria non sono mancate quindi e hanno praticamente esaurito l'inventario delle funzioni nervose costitutive della vita mentale note al momento. Tutto ciò è molto interessante, ma non vuol dire purtroppo che in questa maniera sia stato necessariamente colto il punto cruciale del problema.

Molto più variegate e multiformi sono le proposte dei vari autori per quanto riguarda forme più avanzate di coscienza, quale ad esempio quella che Damasio chiama « coscienza estesa », contrapposta a una « coscienza nucleare ». Praticamente tutti assumono che per avere coscienza di qualcosa occorra uno stato di veglia e la concorrenza dell'attenzione. Mentre dei meccanismi dell'attenzione sappiamo proprio poco e il suo studio sembra difficilmente distinguibile da quello dei fenomeni stessi di coscienza, sul controllo della veglia e del sonno siamo abbastanza bene edotti. Per essere vigili è necessaria l'attivazione del cosiddetto sistema reticolare ascendente (RAS), una costellazione di neuroni e circuiti nervosi diffusi presenti nel tronco encefalico e che collegano quest'ultimo con l'encefalo vero e proprio e in definitiva con la corteccia cerebrale.

Bernard Baars ha anzi proposto un modello della coscienza fondamentalmente basato sull'attivazione del RAS e della sua estensione ad alcuni centri talamici fondamentali per costituire quello che lui definisce ERTAS, *extended reticular-thalamic activating system.* Per lui, come per altri, la coscienza è giocata su uno *spazio di lavoro* (*workspace*) *globale* cui accedono in determinate condizioni alcuni processi nervosi e mentali, ma non tutti.

Per poter accedere alla coscienza estesa di Damasio o alla coscienza esplicitabile condivisa occorre ovviamente il linguaggio, unica vera facoltà mentale che sia esclusivo appannaggio della nostra specie. Ciò è così ovvio che non richiede alcun commento. Solo che il linguaggio non è una facoltà prefabbricata che si presenta già matura all'adulto, anche se molti, troppi, sembrano crederlo. Costoro tessono sperticate lodi del linguaggio e del suo prezioso contributo, ma non ne considerano la genesi e la comparsa in concomitanza con la comparsa della coscienza stessa. Ciò è dovuto probabilmente alla loro intima convinzione che il linguaggio «venga da fuori» e che non sia che una delle tante cose apprese.

Non è così. E non perché l'abbia detto Noam Chomsky o chi altro. Non è così perché non è così. Anche se non è chiarissimo quanto spetti all'innato e quanto all'appreso nelle diverse articolazioni dell'uso del linguaggio, non c'è dubbio che questo abbia una genesi e uno sviluppo individuali e che prenda faticosamente forma nel tempo come qualsiasi altra nostra struttura o facoltà biologica. E non è probabilmente un caso che si sviluppi più o meno nello stesso periodo e con gli stessi tempi della coscienza di sé. È abbastanza ragionevole pensare quindi che la forma umana di coscienza di sé possa condividere qualcosa di fondamentale con il linguaggio anche nella sua genesi e nel suo sviluppo. La strutturazione del sé potrebbe richiedere all'individuo parte delle stesse funzioni che permettono la formazione di un linguaggio.

Distillare parole e concetti dal nulla, cioè dal mondo subsimbolico della nostra mente, non è un'operazione banale; richiede un apparato fonatorio appropriato, una memoria di lavoro sufficientemente ampia e un repertorio di nomi e di significati che non tutti gli animali potrebbero conservare e consultare, ma non è tutto lì. Per parlare occorre voler parlare, avere un quadro di cosa dire e perché dirlo. Occorre distaccarsi momentaneamente dalla percezione e dall'azione in diretta sul mondo per indulgere in un'operazione che a prima vista è senza senso e che richiede un enorme sforzo, non fosse altro che per allontanarsi dalla usata condizione animale.

Non è altresì dubbio che il soggetto parlante (e pensante?) sia lo stesso del soggetto agente. Se la progettazione dell'azione richiede un centro progettante, anche la progettazione di un discorso richiede un centro progettante, con l'aggiunta del fatto che il discorso ha un contenuto astratto indipendente dal semplice fatto di parlare con un certo volume e una certa intonazione e che quindi il soggetto vi deve comparire tanto come originatore dell'azione quanto come produttore di contenuti. Il linguaggio ha in comune con la coscienza l'essere contemporaneamente percezione e azione o almeno progetto di azione, ricezione ed esecuzione, passività e attività.

Nello stesso tempo il linguaggio è anche finalizzato alla comunicazione, alla comunicazione con altri esseri umani, in modo da ottenere su questi un certo effetto. Parlare significa quindi anche assumere che gli altri abbiano una coscienza e che siano in grado di capire che cosa diciamo. In parte almeno occorre immedesimarsi in essi in modo da calibrare i propri discorsi. Il linguaggio è produzione di argomenti ma anche cura della loro ricezione. Il Sé che riteniamo gli altri possano avere può quindi fungere da esempio e da «stampo» per l'edificazione del proprio. Nello stesso tempo e probabilmente come parte dello stesso progetto. Chi non ha potuto parlare con altri per i primi anni della sua vita è dubbio che abbia un Sé di livello molto elevato. Linguaggio e coscienza esplicitabile sembrano insomma sempre più strettamente connessi e probabilmente coevi, sia lungo l'arco del processo ontogenetico che di quello filogenetico.

Paul Valery propone in *Cattivi pensieri* una sua spiegazione poetica del ruolo della nostra coscienza. « Si dice che il pollice opponibile sia ciò che distingue nel modo più netto l'uomo dalla scimmia. A questa nostra proprietà bisogna aggiungerne un'altra: quella di dividerci da noi stessi, la capacità di produrre l'antagonismo interiore. Abbiamo *l'anima opponibile*. Può darsi che l'IO e il MI delle nostre espressioni riflessive siano come il pollice e l'indice di qualche mano di... *Psyché*? Allora si spiegherebbero le parole *comprendere* o *afferrare*. »

Un modello della coscienza

Nel tentativo di farmi un'immagine mentale del fenomeno, qualche anno fa ho avanzato una proposta su come possiamo pensare la coscienza. Non si tratta in realtà di molto più di una metafora, ma anche una metafora può aiutarci a inquadrare un problema particolarmente delicato. È una metafora che attinge sia dal mondo delle neuroscienze che da quello dei computer.

Nel mondo dei calcolatori si distinguono due modi fondamentali di funzionare: uno seriale, cioè sequenziale, e uno parallelo, secondo il quale si possono eseguire molte operazioni contemporaneamente. Quello seriale, usato da tutti i computer fino a pochissimo tempo fa e tipico anche oggi della maggior parte dei computer, implica l'esecuzione di un'operazione dietro l'altra, in sequenza. Eseguito il passo 203 ci si occupa del passo 204 e poi del passo 205 fino alla fine del processo. Il modo parallelo, introdotto solo da qualche tempo nel mondo dei calcolatori, prevede invece l'esecuzione di diversi programmi allo stesso tempo, che operano cioè in parallelo. Il funzionamento parallelo è ovviamente più rapido, perché permette di eseguire diverse operazioni contemporaneamente.

Il nostro sistema nervoso è organizzato da sempre per funzionare in maniera parallela e permetterci così di stare in contatto, in tempo reale, con gli avvenimenti esterni e affrontare nel migliore dei modi le vicende della nostra vita. Al cervello giungono infatti contemporaneamente moltissimi segnali provenienti da varie fonti.

Ci sono innanzitutto i segnali che provengono dai sensi. Anche per quanto riguarda la sola vista arrivano contemporaneamente alla corteccia cerebrale decine e decine di segnali nervosi diversi. Alcuni portano informazioni sullo stato di illuminazione della scena visiva, altri sui colori – o sui contrasti di colore – che vi si trovano, altri sulle forme semplici, altri sulle forme composite o anche sulle forme tridimensionali e sui chiaroscuri, altri sui dettagli più minuti e via discorrendo. Analogo discorso vale per gli altri sensi e per le sensazioni e le immagini che sono state richiamate in quel dato momento alla memoria. Qualsiasi sia la sua origine, ciascuno di questi si presenta come un segnale nervoso del quale conosciamo abbastanza bene la natura e che, almeno in linea di principio, può essere descritto in ogni suo particolare fisico-chimico. A ciascuno di questi segnali ho dato a suo tempo il nome di neurostato, uno stato nervoso definibile con precisione.

Sui vari canali del sistema nervoso prima e del cervello vero e proprio dopo viaggiano neurostati diversi. Che possono essere seguiti individualmente anche se durante il tragitto cambiano il loro profilo. Al momento di emergere alla coscienza e di venire verbalizzati, alcuni di questi eventi paralleli devono però allinearsi e disporsi in sequenza. In questa ottica la coscienza corrisponde a una serializzazione forzata di eventi nervosi e mentali per loro natura paralleli. In tale processo una collezione più o meno estesa di neurostati si trasforma in quello che ho chiamato uno psicostato.

Passerà del tempo prima che si possa comprendere come questo avvenga, anche se secondo alcuni neuroscienziati tali processi potrebbero essere già oggi compresi come il risultato di un fenomeno di sincronizzazione dell'attività nervosa dei neuroni presenti in un certo numero di aree cerebrali diverse. Secondo questa concezione, l'affiorare alla coscienza di una serie di eventi mentali corrisponderebbe al passaggio di un certo numero di gruppi di neuroni da uno stato di oscillazione elettrica disordinato e asincrono a uno più ordinato e sincrono. Più alto il numero di neuroni sincronizzati, più ampio e profondo sarebbe questo stato di coscienza. In tale ottica uno psicostato sarebbe uno stato particolare di un certo gruppo di neuroni e dei loro neurostati momentanei e non coinvolgerebbe nessun agente centrale, ovverosia nessuno « spettatore interiore », come dire nessun « cervello nel cervello ».

Secondo la metafora che sto delineando la coscienza sarebbe quindi assimilabile a un gigantesco « imbuto » che costringe un certo numero di processi nervosi paralleli ad allinearsi, momentaneamente, in una sequenza lineare, cioè seriale. Quando penso « Questo è un orologio nero », una parte del mio cervello è impegnata in un'operazione seriale, quella di mettere in fila le cinque parole in questione, e prima ancora i concetti corrispondenti. Questa serializzazione non è né immediata né gratuita, ma si presenta piuttosto come il risultato di una serie di operazioni, che, come tutte le operazioni, richiedono un certo sforzo e l'impiego di una certa energia.

In condizioni normali tutto avviene in maniera estremamente naturale, ma il compito si presenta spesso più arduo se si è febbricitanti, se si è bevuto, se si è sotto l'effetto di certi farmaci e in ogni caso con il passare degli anni. A volte ci sembra di avere chiarissimo in mente un dato concetto o una data immagine, ma non riusciamo tuttavia a esprimerli subito bene, probabilmente perché il processo in questione non è ancora completamente seriale e implica invece un certo grado di parallelismo. La serializzazione appare insomma tutt'altro che automatica e può anche richiedere un notevole sforzo. Uno sforzo che spesso viene verbalizzato con l'affermazione: «Ce l'ho sulla punta della lingua»; «Lo so, ma non lo so dire»; «Adesso non mi viene la parola» e via discorrendo. Quando queste frasi non sono pronunciate per ingannare, denunciano una difficoltà vera e propria, che tutti una volta o l'altra abbiamo provato.

Dobbiamo notare infine che questa serializzazione forzata di processi paralleli si presenta come un evento intrinsecamente irreversibile. Una volta che un complesso di processi paralleli è confluito in uno stato di coscienza non può più venire ricostruito nel dettaglio. Indietro non si torna. Non si può risalire cioè da uno psicostato ai neurostati che lo hanno determinato. Strettamente connessa con questo processo è quindi la sensazione interiore del tempo che passa, nella sua irrinunciabile irreversibilità, un qualcosa che ricorda da vicino quella *distensio animi* di cui parla sant'Agostino.

Questa bellissima immagine di Agostino d'Ippona può rimandare in verità ad almeno due esperienze diverse, entrambe connesse con l'irreversibilità del tempo colta nel quadro dei nostri processi psichici quotidiani. Della prima parleremo tra un attimo, ed è connessa con il gioco delle nostre aspettative cimentate con la percezione degli eventi, che può confermarle o non confermarle. Il «prima» è marcato dalle aspettative, il «dopo» dalle verifiche. Anche se i tempi di questo cimento sono strettissimi, sono tuttavia sufficienti per istituire una « minifreccia del tempo » solidale con la nostra psiche, così come noi la esperiamo. È indubbio però che non ce ne possiamo rendere conto direttamente senza un minimo di riflessione.

Della seconda abbiamo appena parlato, anche se di questa è quasi impossibile che ci rendiamo conto. Il confluire in uno psicostato di un gruppo di neurostati è per definizione inconscio, nonostante che lo psicostato sia la carne e il sangue della coscienza stessa. Si tratta in realtà di un processo ipotetico che coinvolge entità virtuali, ma tale è quasi sempre la natura delle nostre spiegazioni, sia che riguardino il mondo animato che quello inanimato. Trattandosi qui di eventi biologici, che coinvolgono per giunta almeno in parte la coscienza, dire che sono impossibili da cogliere è dire poco. Qua c'è in gioco il farsi stesso della coscienza.

Poiché in questo contesto non sto parlando di me e della mia coscienza, della quale ho almeno una qualche esperienza, riesce particolarmente difficile cogliere, per così dire dal di fuori, la differenza fra un processo inconscio e uno di cui si ha anche solo temporaneamente coscienza. Sembra ragionevole pensare che la coscienza sia una qualità distintiva di un qualche stato mentale che di per sé non può essere colta che soggettivamente. Come può essere definito allora il tratto distintivo di un evento cosciente, a prescindere dall'autentica soggettività, che non è in ballo al momento?

Si possono fare due ipotesi. Secondo la prima, di natura dirompente, non può esistere un criterio diagnostico per la coscienza che non sia la valutazione soggettiva di quella. L'ipotesi conduce necessariamente a un corto circuito tra la trattazione in terza persona che stiamo conducendo del fenomeno della coscienza e la mia percezione personale e soggettiva, vale a dire in prima persona, della stessa. Se le cose stanno necessariamente in questi termini, crolla tutto l'edificio che stiamo tirando su e occorre « reimportare » almeno transitoriamente l'io nel Sé.

La seconda ipotesi, molto più rassicurante ma di natura solo indiziaria, implica l'esistenza di un criterio oggettivo, o meglio transpersonale, per gli stati di coscienza come distinti da quelli che non lo sono. Noi ci stiamo qui chiaramente attenendo a questa ipotesi, ma è ben chiaro che questo criterio al momento non è a disposizione e possiamo solo sperare che esista realmente e che venga individuato in un prossimo futuro.

Va da sé che tale criterio può anche semplicemente risiedere in una cosiddetta « norma di correlazione », della quale si avvale abbastanza spesso qualsiasi scienza avanzata. Per rimanere nel campo delle neuroscienze, l'affermazione che di solito si sogna durante una fase di sonno REM poggia su una serie di osservazioni che sottendono una norma di correlazione: vari soggetti svegliati durante una di queste fasi dichiarano che stavano sognando. Nel caso nostro basterebbe che ogni volta che si osserva qualche caratteristica fisico-chimica particolare in uno stato mentale, il soggetto in questione dichiarasse appunto che quello stato era uno stato di coscienza. D'altra parte non sarebbe possibile studiare la mente se non esistessero menti in carne e ossa. Questo principio vale per tutti gli argomenti delle neuroscienze e dovrebbe, almeno a priori, anche valere per la coscienza.

Per poter verificare, o confutare, il presente modello occorrono quindi almeno due cose: individuare un criterio transpersonale che ci permetta di stabilire se e quando uno stato mentale è uno stato di coscienza, e caratterizzare la specifica natura neurofisiologica di questo stesso stato. Al momento non possediamo né l'una né l'altra nozione e possiamo fare solo ipotesi su come tradurre tanto la serialità quanto il parallelismo in termini di processi neurali.

La serializzazione di un gruppo di neurostati è temporanea, anche se è legittimo ipotizzare che lo psicostato che ne è derivato possa a volte lasciare una qualche traccia. Alla presa di coscienza di un certo stato di cose può seguire un'azione. Il compimento di questa richiede l'attivazione concertata di un certo numero di muscoli, il cui operato deve poi essere opportunamente controllato. Occorre cioè che i sensi, interni ed esterni, inviino alla corteccia le informazioni necessarie sull'effettivo andamento dell'azione. Si ha quindi il dispiegamento di un altro ventaglio di eventi nervosi paralleli, anche se la progettazione dell'azione appartiene ancora alla coscienza e al momento della serialità.

Invece che a un imbuto, si può allora assimilare la coscienza a una specie di « clessidra ». Un complesso di eventi nervosi paralleli viene costretto per un breve istante a serializzarsi, per dar luogo a una presa di coscienza e all'eventuale progettazione di una successiva azione; ma subito dopo tutto riguadagna il suo andamento parallelo necessario per il compimento dell'azione stessa. Il momento della coscienza corrisponderebbe quindi più o meno alla strozzatura della clessidra. Prima, tutto è parallelo. Dopo, tutto ritorna parallelo. La contemplazione cosciente corrisponde al breve istante della serialità.

Quanto è lungo questo « istante »? La sua durata è compresa fra un quarto di secondo e una ventina di secondi, ma il più delle volte si aggira sui 2-5 secondi, con una media generale di 3 secondi. Un episodio di coscienza non può durare meno di 250 o 300 millisecondi, perché questo è il tempo necessario affinché un qualsiasi stimolo giunga alla corteccia cerebrale e possa venirvi « interpretato ». Ma non può nemmeno durare di più di quanto lo permetta la nostra memoria a breve termine la cui estensione non supera la ventina di secondi. Questo è il lasso di tempo massimo per il quale possono persistere nella nostra mente sensazioni, pensieri e ricordi che vi si siano affacciati. Trascorso questo tempo l'episodio di coscienza si chiude perché ne segue un'azione o perché lo spazio della coscienza viene occupato da altri contenuti. In ogni caso si chiude e se ne apre un altro. Se ci pensiamo bene, possiamo constatare che buona parte della nostra vita è in realtà scandita su un ritmo fondamentale di circa 3 secondi, la durata di un verso poetico o di una frase musicale.

Per designare questo stato di cose è stato di recente introdotto il concetto di « presente dinamico », il presente inteso come collezione di episodi di coscienza, ciascuno dei quali rappresenta un atomo di tempo interno, una breve finestra temporale dai confini sfumati. Gli eventi vi si materializzano per qualche istante e poi recedono nel passato. In ciascun atomo di presente noi percepiamo un minuscolo frammento di realtà che è il risultato dell'integrazione dei nostri processi di elaborazione dell'informazione, spesso frammentari e incoerenti, come percezioni, ricordi, aspettative e schemi interpretativi.

La memorizzazione dei ricordi e l'eventuale loro successivo richiamo dipendono strettamente da questo processo di enucleazione di uno stato di coscienza, per quanto momentaneo. Ciò che non è emerso in almeno uno stato di coscienza, non verrà mai memorizzato in maniera esplicitabile, cioè nell'ambito della cosiddetta memoria dichiarativa o esplicita. È questa una delle due forme principali di memoria da noi possedute, l'altra essendo la memoria procedurale o implicita. Nel caso di quest'ultima – la memoria del saper fare, piuttosto che del sapere, come ad esempio sapere andare in bicicletta – è anche possibile che avvenga una memorizzazione di processi nervosi ancora paralleli, senza la necessità di passare per una fase seriale.

La serializzazione forzata di eventi neurali paralleli è un processo dinamico che forgia sintatticamente e semanticamente la nostra percezione del mondo circostante e delle nostre azioni, nonché la sua memorizzazione. È interessante notare come siano forse proprio queste le operazioni che istituiscono il passato, nella sua qualità di collezione degli eventi che sono stati almeno una volta presenti alla coscienza, a partire da quelli di più immediata archiviazione che rappresentano di volta in volta la paratìa mobile tra futuro e passato, cioè l'«ora».

Uno specifico atto di coscienza può iniziare perché siamo colpiti da un evento specifico, ad esempio un suono improvviso o una luce che si accende. Da quel momento l'episodio comincia a evolvere. Si tratta essenzialmente di un gioco di conferme o confutazioni delle aspettative di quanto sta per accadere, sulla base di ciò che sappiamo e delle nostre esperienze personali. Fintanto che gli stimoli che provengono dal di fuori si conformano più o meno accettabilmente alle nostre aspettative e alla nostra capacità di interpretarli, la bolla del presente si mantiene, intatta. Non appena però si registra una seria discrepanza fra le risultanze e le attese, la bolla collassa e l'episodio termina. I suoi contenuti vengono trasferiti alla memoria sotto forma di una frase, di un'immagine o di un'istantanea della nostra vita e inizia un nuovo episodio del presente dinamico e un'altra avventura interpretativa.

Particolarmente adatto per analizzare questi fenomeni si è rivelato negli ultimi tempi lo studio del linguaggio parlato. Quando si parla, si emettono una serie ininterrotta di suoni che noi interpretiamo come successione di parole staccate sulla base della nostra conoscenza di quella particolare lingua. Questa suddivisione in parole è molto più difficoltosa o fallisce del tutto quando non conosciamo bene la lingua in questione e ci fa dire che i parlanti di quella lingua, ma in realtà di tutte le lingue diverse dalla nostra, parlano «troppo in fretta». È per questo che chi conosce poco una lingua preferisce vederla scritta, con le parole già separate fra di loro.

La suddivisione del discorso in parole staccate è insomma un fenomeno mentale, non acustico. La registrazione strumentale di un discorso non rivela infatti alcun intervallo, per quanto piccolo, fra una parola e l'altra. Quando ascoltiamo qualcuno che parla, il nostro cervello analizza rapidamente il possibile significato dei suoni che gli si vanno via via presentando alla mente e vaglia la probabilità che si tratti di questa o di quella parola di senso compiuto, o quasi. Aggiorna poi con grande rapidità questa sua interpretazione sulla base delle onde sonore che mano a mano gli giungono all'orecchio, fino a che non si reputa soddisfatto e «sente» distintamente la parola in questione, per passare quindi alla successiva.

Consideriamo per esempio la comprensione della parola *carabina*. Non appena ci giunge all'orecchio, o meglio alla corteccia cerebrale, la sillaba *ca-*, si profilano alla nostra mente una serie di parole che cominciano con *ca-* e che sono candidate per corrispondere al suono in questione. Per esempio *cane*, *carota*, *cavallo*, *caro*, *cara*, *carato*, *cavolo*, *caramella*, *carriola* e così via. Tutte queste parole vengono richiamate alla memoria e passate velocemente in rassegna, fino a che non percepiamo anche la seconda sillaba: *cara-*.

A questo punto, molte possibili parole cadono, ad esempio *cane*, *cavallo* e *cavolo*, ma molte ne restano, perché compatibili con queste prime due sillabe; ad esempio *cara*, *caramella*, *carato*, *caratello*, *Caracciolo* e così via. Da notare che se si trattasse di *cara*, la parola sarebbe conclusa, una possibilità ben presente alla mente di chi ascolta e che lo metterebbe in attesa della parola successiva. Quando arriva la terza sillaba *carabi-*, si indebolisce l'ipotesi che si tratti di *cara*, anche se questo è ancora compatibile con *cara Bina*, *cara bimba*, *cara birbona* e simili. Restano in ogni caso aperte *carabina/e* e *carabiniere/i* più altre parole molto più improbabili come *carabinato* e via discorrendo.

Le cose non cambiano molto quando arriva la *n* di *carabin-*, ma resta la dicotomia *carabina* – *carabiniere* e l'incertezza riguardo al fatto che si tratti di un singolare o di un plurale. Il suono *carabina* chiude momentaneamente la partita e porta a concludere che non si trattava di due parole, *cara* + qualche altra cosa, ma di una sola e che stiamo probabilmente ascoltando la parola *carabina*. La scansione dei suoni che hanno veicolato la parola *carabina* è conclusa, la mente è soddisfatta e si può passare all'analisi dei suoni successivi.

Tutto questo vale, ovviamente, se i suoni sono giunti distintamente, cosa che non accade sempre, e a patto che la parola in questione si accordi con la parte precedente della frase. Supponiamo infatti che l'ultima parola prima di *carabina* fosse *due*. È chiaro in questo caso che c'è qualcosa che non va e la mente deve velocemente tornare indietro per cercare di dare un senso a ciò che ha sentito. Oltre che nella scansione delle singole parole, la nostra mente si deve impegnare anche nella comprensione delle frasi. Quando si ascolta una frase che si snoda senza sorprese, si procede lesti e la si segue passo passo, sequenzialmente, fino al termine.

Se però a un certo punto si presenta un elemento inatteso, che ci costringe a una diversa interpretazione della stessa frase, la nostra mente torna istantaneamente indietro e prova a « ricostruirne » il significato dall'inizio. Ad esempio, « Il cane di mio zio corre in giardino » viene seguita progressivamente senza difficoltà, mentre « Il cane di mio zio corre in Formula 1 » richiede che, giunti alle ultime due parole, si torni indietro e si reinterpreti completamente la frase.

Lo stesso discorso vale per frasi come:
La vecchia porta cedette;
La vecchia porta il sale;
La vecchia porta le lenti;
La vecchia porta iella;
che devono essere probabilmente reinterpretate dopo la percezione delle prime parole.

È inutile sottolineare il fatto che noi non ci accorgiamo di tutto questo lavorio mentale, perché si svolge troppo rapidamente, e tanto meno del fatto che la nostra mente sia costretta in alcuni casi a tornare velocemente sui suoi passi per ricostruire il senso della frase. Ciò è dovuto ancora una volta all'azione della nostra corteccia cerebrale che esegue il montaggio e l'*editing* finale di ogni nostra percezione. Grazie a questa azione, noi abbiamo sempre una visione ragionevole e priva di falle e di sbalzi dei nostri processi mentali.

Questa azione è alla base di un altro fenomeno particolarmente interessante, il cosiddetto *fenomeno phi*. Se si osservano al buio due piccole spie luminose abbastanza vicine tra loro che si accendono alternativamente per un breve istante, si avrà l'impressione di un punto luminoso che va avanti e indietro tra le due posizioni. Gli occhi non possono che vedere due punti che si illuminano alternativamente, ma la nostra mente ricostruisce una storia che abbia più senso e ci fa vedere un unico punto in movimento. Notiamo di passaggio che questo effetto è presente anche nel quotidiano, negli addobbi natalizi o nelle insegne luminose dei negozi, quando una o più luci sembrano muoversi e seguire un percorso.

L'effetto è ancora più spettacolare se le due spie luminose sono di colore diverso, diciamo una rossa e una verde. Anche in questo caso si vede il va e vieni di un punto luminoso, ma questo punto sembra cambiare colore a metà strada. La lucina che vediamo muoversi cambia infatti colore prima ancora di essere giunta all'altra estremità del suo cammino, come se prevedesse il suo futuro. Ovviamente non c'è nessuna premonizione. Il fatto è che l'episodio viene ricostruito molto rapidamente dalla nostra mente che lo aggiusta e lo licenzia, debitamente confezionato, in tempo reale.

Studiando fenomeni del genere è possibile determinare i parametri temporali dei singoli episodi del presente dinamico. Cominciando dal momento in cui un evento dà il via a un episodio, occorrono 20-25 millisecondi per l'inizio della sua scansione. Questa verrà interrotta dopo 250-300 millisecondi se non è possibile o non è disponibile nessuna interpretazione dell'evento. Ciò può essere dovuto al fatto che lo stimolo di partenza è uno stimolo sostanzialmente casuale, o perché non corrisponde a niente di noto, o anche perché è presente un elemento di stress o un motivo di distrazione.

Se questo non accade, l'episodio continua a svilupparsi, ma non all'infinito. Il limite superiore della sua durata è determinato dall'ampiezza della memoria di lavoro, perché il contenuto di questa deve essere necessariamente riciclato ogni 20-30 secondi. In conclusione i limiti temporali di ogni episodio sono posti dal minimo richiesto per interpretare qualcosa e dal massimo del tempo in cui possiamo tenere qualcosa a mente. Nella maggior parte dei casi, abbiamo già visto, l'istante durerà comunque fra i 2 e i 5 secondi, con un valore più probabile di 3 secondi.

La creazione e il mantenimento degli atomi di presente che costituiscono la nostra vita mentale e la comprensione stessa degli eventi della nostra vita dipendono quindi dal gioco delle nostre aspettative, cioè dalla nostra capacità di anticipare il futuro, istante per istante, e di riconsiderare in continuazione gli esiti della verifica di tali anticipazioni. È inutile aggiungere che le anticipazioni dipendono dalle nostre conoscenze ed esperienze pregresse e dalla nostra capacità di tirarle in ballo in ogni istante della nostra giornata. In questa ottica quindi il presente si identifica istante per istante con un lavoro di spola, localmente bidirezionale, fra il passato e il futuro che diviene passato.

Con una certa, inevitabile, asimmetria. Il passato vi figura infatti tanto come passato immediato, quanto come passato remoto o comunque registrato; il futuro soltanto come futuro immediato, il futuro delle anticipazioni. Il passato metabolizzato, sedimentato e registrato genera, attraverso le conoscenze richiamate di volta in volta alla mente, le nostre aspettative e anticipazioni. Queste vengono confrontate con la realtà registrata transitoriamente come passato immediato. La contemplazione di questo aggiorna, per così dire, le nostre anticipazioni e il gioco ricomincia. Fino a che non si raggiunge la pace o ci si rassegna. O si viene distratti e impegnati in un nuovo episodio e in un nuovo lavoro di spola. Non sarà sfuggito che questo andirivieni, questo traghettare istante per istante il possibile nel reale, ha tutte le caratteristiche che è logico attribuire alla percezione come finalizzata all'azione, almeno potenziale, e alla sua progettazione.

Quella che noi chiamiamo coscienza o vita interiore è quindi una collezione di atomi di presente. Ogni atomo di presente inizia, si mantiene per qualche istante e decade, per lasciare spazio mentale a un altro atomo di presente. Noi non abbiamo alcuna consapevolezza di tale frammentazione della nostra coscienza. Questa ci appare come un continuo, anzi come un continuo presente. Ciò è dovuto al fatto che una delle funzioni principali della nostra corteccia cerebrale è quella di fornirci una visione sempre « ragionevole », unitaria e continua dei contenuti della nostra vita mentale interiore.

È questa funzione a ben guardare che fa passare dall'idea di una *res dividua*, di cui abbiamo parlato subito all'inizio del primo capitolo, alla *res individua*, se questa esiste. Tutto ciò che è reale appartiene al mondo della prima *res*, compresi i singoli eventi neurali che conducono a un dato stato di coscienza, ma nel cervello di ciascuno di noi – o forse meglio dovrei dire nel mio, l'unico del quale ho esperienza diretta – si percepisce un'unità irriducibile vissuta come unica. Anche questa, abbiamo appena visto, è suddivisibile nelle sue basi materiali, o neurali, in un gran numero di componenti e di processi nervosi, ma io non ne ho coscienza: la mia coscienza privata – fenomenica? – è *res individua*. Ne riparleremo nel prossimo capitolo.

Tutto ciò che siamo capaci di osservare con la razionalità e magari collettivamente è divisibile, separabile, smontabile e quindi alla lunga comprensibile nella sua articolazione. Questa è una proprietà della riflessione, della memorizzazione e del pensiero astratto. Ma il mondo interiore di ciascuno di noi non è strutturato *prima facie* così. Il vissuto immediato è continuo e prepotentemente unitario. Chi sa che cosa sarebbe la nostra vita se così non fosse? C'è indubbiamente un grosso vantaggio nel prendere in considerazione una cosa per volta, una cosa che pone il minimo di problemi e che permette all'occorrenza di prendere immediatamente una decisione. La percezione, abbiamo detto, non è finalizzata alla contemplazione ma all'azione, che in noi può essere anche semplicemente verbale.

È possibile però che l'affiorare alla coscienza di un gruppo di neurostati e il suo permanervi per qualche tempo come episodio di coscienza appunto implichi automaticamente il fatto che ciò impegni tutte le aree cerebrali, o almeno corticali, senza eccezione. Può darsi cioè che la peculiarità di uno stato di coscienza sia data dalla vastità se non dalla totalità delle regioni cerebrali utilizzate. Se è vero che quasi tutto quello che ci passa per la testa ha già fatto il giro del cervello, perché il corrispondente segnale nervoso è passato per diverse aree corticali in un continuo andirivieni, è possibile che lo stato finale abbia normalmente una localizzazione preferenziale, più che sufficiente per funzionare nello schema fisiologico consueto stimolo-risposta. Può essere però che la sensazione soggettiva di vivere uno stato di coscienza nasca ogniqualvolta le aree corticali impegnate siano la totalità. Alternativamente, possiamo pensare che ciò avvenga solo quando fra le aree impegnate ce n'è una particolare che fa l'*editing* e la promozione finale di tale stato, un po' come Michael Gazzaniga propone per quella funzione cerebrale che chiama l'« interprete ».

L'ipotesi dell'implicazione della totalità delle aree corticali avrebbe certi vantaggi. In particolare potrebbe spiegare due osservazioni. In primo luogo, potrebbe rendere conto dell'unicità della nostra coscienza. Se si tratta di impegnare tutte le aree, la vastità e la complessità della realtà della nostra corteccia potrebbe spiegare, anche semplicemente in termini quantitativi il primato della nostra propria coscienza. Si tratterebbe in sostanza di un esempio del quantitativo che si trasforma in qualitativo. In secondo luogo, l'ipotesi potrebbe rendere ragione della nostra sensazione di totalità e indivisibilità. Per la nostra mente non ci può essere niente di più totale e indivisibile dell'impiego di tutto il nostro cervello. Questa è per noi, per definizione, *la* totalità.

È possibile che alla funzione normalizzante della corteccia dobbiamo anche l'esistenza di quei particolari stati parziali di coscienza che noi chiamiamo sogni. Questi potrebbero non essere altro che fasci di neurostati attivi, chissà perché, durante alcune fasi del sonno che si accostano alla coscienza e vengono da questa parzialmente serializzati, e perciò quasi forzatamente « razionalizzati » e interpretati. Il tutto ovviamente in maniera parziale e imperfetta, perché nessuno sa raccontare un sogno in cui tutto sia a posto: ogni personaggio può essere qualcuno di specifico, ma anche qualcun altro; ogni azione o avventura può essere quella o anche un'altra, se non più altre.

È interessante notare a questo proposito come ogni episodio di coscienza vive normalmente di tre elementi: una fonte – esterna o interna –, un'elaborazione e un'interpretazione. Nel sogno si osserva prevalentemente quest'ultimo elemento e il primo può mancare del tutto. Se questo è vero, l'analisi dei sogni sembra essere in grado di illuminarci in realtà più sullo stato di coscienza momentaneo del segnatore che sul suo inconscio. Con le inevitabili ripercussioni sulla programmazione e sulla gestione di una seduta psicoterapeutica.

Conscio e inconscio / Verbale e preverbale

Si presentano a questo punto un paio di domande di rilievo: che cosa garantisce la continuità della nostra vita interiore e qual è il rapporto fra coscienza ed eventi psichici inconsci, di cui tanto si parla nel mondo di oggi?

Se la coscienza è una collezione di episodi separati di breve durata, che cosa ne è della mia interiorità e del mio stesso io, che sembra addirittura dissolversi? La risposta è semplice: la sua continuità è garantita dal complesso dei processi paralleli che interessano continuamente il nostro sistema nervoso centrale e più in generale il nostro corpo, e che sono all'opera in ogni circostanza, anche durante il sonno. Di volta in volta solo una frazione di questi viene serializzata ed emerge alla coscienza per qualche secondo.

L'episodio in questione termina, ma la continuità dei processi nervosi paralleli garantisce che ci sia sempre un nuovo episodio che ci riguarda direttamente. Quello che tra le altre cose caratterizza univocamente questo complesso di processi paralleli è l'insieme dei ricordi personali, che appartengono a un unico io. Questa identità è poi continuamente confermata dall'osservazione del proprio corpo e dalla constatazione che gli altri ci riconoscono e ci trattano sempre nella stessa maniera.

In conclusione, la continuità della coscienza di ogni singolo individuo, cioè la sua identità, si basa sul complesso dei processi paralleli che interessano il suo corpo e la sua psiche, caratterizzati da quella continuità e sostanziale inesauribilità tipica di ogni fenomeno biologico, ma può venire esperita solamente attraverso la collezione dei momentanei episodi di coscienza. La sensazione di essere se stessi si può ridurre quindi essenzialmente a una continuità, ma ha anche dei contenuti.

Uno stato di coscienza è sempre coscienza di qualcosa, direi anzi di qualcosa che prevede almeno potenzialmente l'esecuzione di un'azione. Questo è più che ovvio per gli stati di consapevolezza degli animali, ma non è forse immediatamente evidente per la nostra coscienza. Eppure potrebbe essere che uno stato di coscienza non sia altro che una particolare forma di percezione, o di ideazione, che sia fondamentalmente intrisa di progettazione, ovviamente di progettazione di un'azione, che può peraltro rimanere anche virtuale. Anzi, io penso che sia proprio così.

Può darsi cioè che ogni episodio di coscienza partecipi contemporaneamente della natura della percezione e di quella della progettazione – come dire della contemplazione e della motricità, dell'osservare e del fare – e che sia diverso da ogni altro evento nervoso e mentale per questa sua natura mista, dovuta al fatto che osservazione e azione vi sono in pari misura mescolate. È un pensare per fare colto nel suo primo germe. E va da sé che tale constatazione apparenta molto strettamente la coscienza al linguaggio, che è un'altra facoltà, stavolta esclusivamente umana, che unisce l'osservazione e l'immaginazione – costitutive del momento della ricezione – con la motricità – il presupposto dell'azione programmata e controllata.

È inevitabile poi che nel momento in cui è presente alla nostra coscienza, un certo stato di cose, esterne o interne, abbia anche una colorazione affettiva, si confronti cioè con una realtà emotiva. Abbiamo visto che quasi ogni nostra azione è accompagnata da una coloritura emotiva più o meno intensa. Negli organismi inferiori le emozioni si originano soltanto in risposta alle vicende della loro vita reale. È una delle prerogative dell'essere umano quella di reagire emotivamente anche a vicende immaginate, attese o semplicemente prospettate alla mente, sulla base, ad esempio, di un giudizio di valore più o meno esplicito.

Un dato stato di coscienza può essere associato a un'emozione profonda, di cui ci possiamo eventualmente rendere conto, o avere un'eco interna quasi impercettibile che rappresenta un residuo parzialmente parallelo di associazioni con eventi, sensazioni e pensieri che non sono presenti con chiarezza alla memoria di lavoro del momento. Questa molteplice coloritura emotiva, virtualmente ineliminabile e non necessariamente oggetto di serializzazione, costituisce l'essenza della nostra coscienza fenomenica individuale. Messa in questi termini, non è nemmeno chiaro se la cosiddetta coscienza fenomenica sia in tutto e per tutto una forma di coscienza.

La nostra vita emotiva somatica non ci abbandona comunque mai e ci guida silenziosamente in ogni istante della nostra giornata, ma per emergere alla coscienza deve approfittare di quegli eventi di serializzazione che convogliano elementi a essa più strettamente associati. Il cuore insomma opera sotterraneamente con un'azione persistente e continua. La vita mentale e la coscienza sono invece solo una collezione di episodi di durata limitata, isolotti di serialità momentaneamente affioranti dal mare del subsimbolico e del parallelo.

In questa luce, possiamo prendere in considerazione il concetto di Inconscio del quale parla la psicoanalisi di ispirazione freudiana o psicodinamica. A rigore questo sarebbe tutto ciò che resta di volta in volta fuori da un determinato episodio di coscienza. È interessante chiedersi a questo punto che cosa si debba comprendere in questo termine. Sono certamente inconsci tutti i processi fisiologici che hanno luogo nel nostro corpo e che non hanno alcuna attinenza con la nostra vita mentale. Sono inconsci anche quei processi fisiologici che hanno un'influenza solo indiretta sul nostro sistema nervoso, come quelli mediati da ormoni o neuromodulatori ad azione lenta. Sono inconsci la vasta maggioranza dei neurostati, anche se molti di essi sono sempre potenzialmente pronti a emergere in uno stato di coscienza. Tra questi è forse utile distinguere quelli che derivano da stimoli sensoriali immediati, che non sono poi tantissimi, da quelli che scaturiscono dal richiamo alla memoria di lavoro di concetti e sensazioni già presenti nella nostra mente.

È verosimile d'altra parte che questi ultimi siano organizzati in gruppi di associazione o di contiguità, ad esempio temporale. Il vantaggio immediato di questa organizzazione è la possibilità di richiamare velocemente alla memoria immagini, concetti e nomi. Ma è anche concepibile che il meccanismo abbia una sua viscosità e alcuni neurostati vengano per così dire trascinati passivamente da altri, anche se tutto ciò non sembra avere un'utilità immediata.

Se questo è vero, come sembra a me altamente probabile, il gruppo di neurostati che confluisce in ogni dato momento in uno psicostato trascina più o meno energicamente con sé un certo numero di altri neurostati che non possono raggiungere quel particolare stato di coscienza, ma che se ne trovano nelle immediate vicinanze, diciamo « al contorno ». Alcuni di questi possono contribuire a quella coloritura cognitiva e affettiva, non necessariamente serializzata, di cui parlavo sopra e che costituisce istante per istante il nostro mondo interiore, cangiante ma continuo.

È probabilmente sensato chiamare operativamente Inconscio in senso proprio, tanto cognitivo quanto affettivo, o Preconscio o Subsconscio, questo complesso di neurostati orbitanti istante per istante intorno ai vari stati di coscienza. Va da sé che se nella mente di un soggetto esistono specifici gruppi di neurostati che sono abbastanza strettamente associati a moltissimi altri, questi avranno una maggiore probabilità di altri di affacciarsi alla coscienza ma anche di comparire fra i neurostati « al contorno ». Si tratta in questo caso di un « pensiero dominante », o di un « complesso », operanti sia cognitivamente che affettivamente, e potenzialmente capaci di prendere di prepotenza il controllo di determinati aspetti della vita mentale di quell'individuo. Uno dei compiti di ogni forma di psicoterapia dovrebbe essere quello di smontare, o almeno allentare, alcuni di questi nodi, in modo da rendere meno automatico e meccanico, cioè più fluido, il meccanismo della cooptazione dei diversi neurostati al momento della presa di coscienza.

Questa forma di ricondizionamento o di « rieducazione » delle aggregazioni dei diversi neurostati riferiti agli episodi più ricorrenti nella vita di tutti i giorni, avrà inevitabilmente degli aspetti dichiarativi, ma nel migliore dei mondi possibili potrebbe appoggiarsi anche a una memorizzazione di natura procedurale, soprattutto se si tratta di soggetti più giovani. Dopo tutto nella seduta psicoterapeutica si parla e si riparla, ma si vive anche. Non c'è dubbio comunque che parlare delle diverse vicende della vita aiuta in ogni caso a « sistemarle » mentalmente nel modo migliore. Che poi nodi psichici o complessi possano portare al disagio psichico se non alla malattia mentale è tutto un altro discorso. In ogni caso « districare » e sgrovigliare tali associazioni automatiche non potrà fare altro che bene.

È istruttivo a questo proposito considerare quanto è emerso da alcuni esperimenti condotti su persone che avevano vissuto un episodio traumatico o molto traumatico. Condividere gli stati d'animo, parlarne, ma anche solo scriverne, aiuta come ovvio a stare meglio, e questo stare meglio può essere misurato con tecniche sperimentali riproducibili. Quello che è emerso da esperimenti di controllo è che stavano meglio anche persone che comunicavano, o anche semplicemente « elaboravano » esperienze immaginarie, oggetto di racconti inventati. Come nel caso delle articolazioni e dei muscoli del corpo, rendere meno automatico e « ingessato » il funzionamento della psiche con opportuni esercizi di mobilizzazione e di riformulazione non può essere che giovevole, per tutta la vita.

La coscienza come oggetto di studio

Forse vale la pena di gettare uno sguardo ulteriore su quanto gira intorno alla coscienza e che è quindi sul momento inconscio. Vale la pena cioè di arricchire il quadro che siamo andati delineando con un paio di considerazioni. C'è innanzitutto la cosiddetta questione del *binding* o del legame. Con questo termine ci si riferisce a un fenomeno quotidiano, la cui comprensione è tutt'altro che semplice. Se davanti a me si trova un cane, alcune parti della mia corteccia visiva riceveranno informazioni sul suo colore, altre sulla sua forma, altre sul suo movimento, altre sulla natura del suo pelame. È possibile anche che alcune parti della mia corteccia uditiva elaborino suoni da lui emessi e magari che io ne avverta anche l'odore. Si tratta di una serie di fenomeni sensoriali e percettivi non connessi tra di loro e paralleli, ma com'è allora che io mi trovo a riferirli con grande naturalezza allo stesso oggetto, in particolare allo stesso cane? Quando e come avviene la « composizione » dei neurostati corrispondenti a questi diversi stimoli, in modo che io ne ricavi un quadro complessivo riferito a un unico « oggetto »?

È chiaro che non è un problema di poco conto. Ed è altrettanto chiaro che si tratta di un problema strettamente connesso a quello di cui stiamo parlando. In particolare sarebbe interessante sapere se la composizione dei diversi stimoli avviene solo al momento della presa di coscienza, cioè della strozzatura della clessidra, o c'è un periodo di « preparazione », ovviamente inconscia, di tutti gli stimoli rilevanti agli oggetti presenti sulla scena e alla scena stessa.

Da una parte ciò appare improbabile – troppo lavoro, continuo e sfibrante, per le diverse parti della nostra corteccia cerebrale, ma non solo. Dall'altra, esistono una serie di esperimenti che dimostrano che si può « vedere » qualcosa, senza essere necessariamente coscienti di farlo, o addirittura negando di farlo, come nel fenomeno che prende il nome di « visione cieca ». Sappiamo inoltre che si può anche udire qualcosa senza avvertirlo coscientemente, facendo sentire per esempio due cose diverse ai due orecchi.

In tutti questi casi, e molto probabilmente in diversi altri non ancora ben studiati, la composizione degli stimoli avviene prima della vera e propria presa di coscienza e indipendentemente da quella? E a che livello? D'altra parte, nessuno obbliga la coscienza a operare su processi paralleli singoli ed elementari. Alcuni di quelli potrebbero benissimo essere il risultato della composizione di un gruppo specifico di neurostati percettivi diversi, alcuni dei quali hanno già « pescato » nel serbatoio dei nostri ricordi e hanno già associato una serie di percezioni a ricordi episodici o a cognizioni diverse.

Il modello certamente non lo proibisce. Afferma infatti solo che la coscienza è una « qualità aggiunta », un particolare stato raggiunto da una serie di percezioni esterne e interne, e che il raggiungimento di questa qualità è solo l'ultimo, irreversibile, atto di una serie continua e continuamente rinnovata di eventi mentali. Ciò che cambia, a seconda delle risposte che diamo ai quesiti posti sopra, è solo il modello mentale dei dettagli della situazione che precede immediatamente l'emergere alla coscienza di un atomo di presente.

Esiste in sostanza una successione di « preavvisi » – ciascuno dei quali coincidente con una sorta di « preconfluenza » di alcuni processi paralleli che cominciano ad accostarsi gli uni agli altri – prima dell'entrata definitiva nella strozzatura della clessidra o tutto avviene contestualmente? Regna cioè una sostanziale democrazia fra i diversi processi mentali paralleli fino a pochi millisecondi prima dell'entrata di alcuni di essi nella strozzatura, oppure questi sono preassociati fin dall'inizio e assegnati d'ufficio a piccoli « regni » diversi? E ancora: poiché il fenomeno del *binding* è verosimilmente presente anche in tutte le menti animali, è possibile che la differenza fra noi e loro risieda solo nell'entità del numero dei « regni » diversi che possono entrare in un singolo episodio di coscienza?

Forse sono opportune ancora due parole sulla percezione sensoriale e il suo possibile rapporto con l'origine della coscienza, almeno quella nucleare o primaria. Si parla di solito prevalentemente dei cinque sensi classici: vista, udito, tatto, olfatto e gusto. Questi ci mettono in contatto con il mondo esterno, in quel rapporto che abbiamo visto viene definito esterocezione. Ma esiste anche un rapporto diretto con il nostro proprio corpo, mediato da due diversi sistemi: quello enterocettivo e quello propriocettivo. Mediante il primo veniamo messi in contatto con i nostri visceri, dai denti alla mucosa intestinale, mentre mediante il secondo siamo informati istante per istante dello stato di tensione dei principali muscoli del nostro corpo.

L'enterocezione ci informa anche sullo stato di salute attraverso un'eventuale sofferenza, cronica o acuta, delle parti vitali del nostro corpo, mentre la propriocezione ci mette in condizione di controllare l'azione dei nostri muscoli, sia quando il nostro corpo si muove, che quando è fermo

– stando in piedi, seduto o sdraiato. La propriocezione ci informa in sostanza, istante per istante, della nostra posizione nello spazio e della posizione delle diverse parti del nostro corpo, le une rispetto alle altre. Ciò è accompagnato dalla continua verifica della presenza e della consistenza delle masse muscolari e del loro grado di tensione istante per istante.

La sua funzione è quella di non farci mai perdere il controllo della nostra postura e della nostra vigilanza su di essa, ma è concepibile che questa sensazione, diretta e continua, della presenza del nostro corpo, possa contribuire considerevolmente a fornirci un senso del sé e quindi in definitiva a darci una coscienza della nostra esistenza, « il basso continuo » dell'essere vivi. E non potrebbe essere che lo spiccato senso del sé e la coscienza di essere coscienti che ci caratterizza tra tutti gli animali siano da mettere in relazione con un particolare tipo di rapporto fra le tre diverse categorie percettive?

Basterebbe ad esempio che la percezione del nostro corpo non entrasse, o entrasse solo di tanto in tanto, nella strozzatura della clessidra, e il nostro rapporto cosciente con noi stessi cambierebbe drasticamente. Fa una certa differenza, infatti, se la consapevolezza della situazione e delle sue sfide contiene o non contiene elementi di autopercezione; se noi stessi, cioè, facciamo parte del quadro oppure no; se il nostro corpo nella sua unità psicofisica entra come elemento di valutazione delle circostanze, talvolta o in continuazione. O forse, è tutta solo una questione quantitativa, vale a dire di quanti elementi diversi entrano nella clessidra e per quanto tempo: più elementi mentali diversi entrano, più è alto il livello di coscienza.

In fondo tutta la nostra vita mentale è caratterizzata da una potente e agile memoria e dalla capacità di mettere in relazione un gran numero di cose diverse, percepite o pensate. Un'altra differenza fra la nostra forma di coscienza e quella degli animali potrebbe quindi consistere nelle dimensioni e nella complessità del quadro vissuto come cosciente; potrebbe trattarsi cioè di una differenza quantitativa, come è in fondo per tutta l'attività mentale. Percepire come coscienti due o tre elementi della realtà o del mondo dei ricordi è una cosa, percepirne moltissimi è un'altra. Nel discorso dello spazio mentale potrebbe rientrare anche la presenza di più piani prospettici diversi, come la coscienza di essere coscienti. Su questo piano non è difficile immaginare una molteplicità di maniere diverse di essere coscienti e di rendersene conto.

Ma non c'è dubbio che la differenza più chiara ed evidente tra la nostra mente e quella degli animali consiste nella presenza e nell'uso del linguaggio. Come non pensare che la differenza che corre tra la nostra coscienza esplicitabile condivisa e la consapevolezza di un qualsiasi animale superiore risieda, se esiste, nell'uso del linguaggio? Potrebbe essere tranquillamente che non può esistere coscienza esplicitabile senza linguaggio – cosa peraltro molto probabile e metodologicamente prevista – ma anche che non può esistere linguaggio senza coscienza esplicitabile, anche se questo può sembrare più difficile da accettare. Potrebbe anche essere che tutto ciò che è preverbale non ci differenzia troppo dagli animali, almeno da quelli più vicini a noi, mentre la vera differenza, il vero salto, è quello della verbalizzazione, che costituisce indubbiamente una sorta di clessidra nella clessidra. D'altra parte parlare richiede una serializzazione prolungata, più prolungata della progettazione di una qualsiasi altra azione, e una serializzazione sufficientemente prolungata è certamente il presupposto della coscienza esplicitabile.

Per parlare occorre sicuramente sapere di parlare, di avere qualcosa da dire, per uno scopo, e di cercare la maniera più opportuna di dirlo. Significa anche distinguere chi parla da chi ascolta. Distinguere anche implicitamente il soggetto dai possibili oggetti è una caratteristica comune a tutte le azioni e alla loro progettazione. C'è però una differenza. Un'azione generica si può compiere sulle cose, sugli animali e sulle persone, mentre parlare si può fare sensatamente solo con le persone. A poco a poco può quindi nascere la percezione di un Sé tipicamente umano, una categoria alla quale si ascrive anche il nostro proprio Sé. Ciascuno di noi non parla poi solo con gli altri; parla spesso anche con se stesso e spesso prega, canta, recita poesie e comunque strofe ripetitive. Tiene quindi continuamente in esercizio la sua verbalità e la sua autocentralità. A volte per tutte le ore della giornata. Interrogato, può sempre rispondere qualcosa, più o meno sensato e appropriato. Non «stacca» quindi mai completamente. È sempre in presa diretta. Potremmo anche pensare che «parla» in continuazione, almeno virtualmente: come dire che passare dalla coscienza di sé, certamente sempre viva, alla comunicazione, anche potenziale, non richiede un grande sforzo e comunque un cambio drastico di marcia.

Un'ipotesi non del tutto peregrina potrebbe essere che articolare un discorso, interno o esterno, sia già coscienza, coscienza ovviamente di secondo livello. Troppo poco sappiamo dei circuiti e dei processi necessari per articolare il linguaggio; questi potrebbero già essere necessari e sufficienti per avere una coscienza esplicitabile, potenzialmente condivisa. Che lo sia in tutto e per tutto lo possiamo invece considerare una proprietà appresa: gli italiani capiscono gli italiani, i russi capiscono i russi. Possiamo allora concludere che la parola, oltre a essere lo strumento di accesso alla coscienza esplicitabile, ne è anche la condizione essenziale, cioè l'essenza? Chi vivrà vedrà, anche se una tale ipotesi non ci fa fare nessun passo avanti: della funzione verbale non sappiamo certo di più che della coscienza, almeno al momento.

Serialità e parallelismo

L'uso continuo del linguaggio può avere spostato quindi con gli anni il baricentro delle nostre attività mentali verso una più accentuata serialità. Non è che negli animali non ci sia proprio serialità. Ogni problema di riconoscimento di cose animate o inanimate implica una certa serialità, e certamente la progettazione di una qualsiasi azione richiede una momentanea forte serialità, ma non sembra esserci in gioco quella continuità che caratterizza la nostra specie e che sostiene la nostra capacità di parlare, con noi stessi e con altri.

Da qualche secolo poi l'uomo legge (e scrive). La lettura richiede quasi per definizione una sostenuta serialità, perché occorre seguire la successione delle lettere sul foglio, perché occorre mettere insieme le parole e i loro significati, perché occorre estrarne un senso – proprio come se parlassimo – perché occorre farlo con una certa continuità e assiduità. Da quando legge, l'uomo che legge, adopera abbastanza spesso la sua mente in maniera pesantemente seriale, qualitativamente forse non più che nel parlare, ma quantitativamente certo molto di più. La lettura quindi è un esercizio quotidiano aggiuntivo di serialità e non stupisce che questa nostra nuova facoltà possa aver messo in risalto una serie di nuovi problemi nervosi e mentali che noi facciamo ricadere sotto il titolo generale di dislessie.

L'invenzione della scrittura ha introdotto nella nostra attività mentale nuovi elementi e nuove complicazioni. Non è il caso di esagerarne la portata, ma certo il cervello di chi legge, soprattutto se legge spesso, compie una serie di compiti certamente non contemplati all'origine. Per non parlare della nostra capacità di scrivere e di fare di conto, tutte attività che, sebbene esercitate più raramente, contribuiscono in maniera consistente a spostare l'asse della nostra attività mentale sempre più verso il seriale. È un po' tutto lo stile di vita dei nostri tempi che contribuisce a spostare questo asse e a fare di noi degli esseri sempre meno « spensierati ». Una parte notevole di quest'azione spetta indubbiamente all'uso sempre più diffuso dei computer e delle sue applicazioni.

Il funzionamento del computer è per sua natura seriale, sequenziale, logico e consequenziale. Se ne rende perfettamente conto chi lo ha almeno una volta programmato. L'operatore umano tende a fare un certo numero di « sviste » e a indulgere in un certo numero di distrazioni che il computer proprio non tollera: basta un piccolo errore anche solo di ambiguità e il programma non funziona. I computer funzionano secondo una logica perfetta che non è sempre la nostra. Ma anche chi non ha mai programmato e usa il computer solo strumentalmente come tutti noi avrà notato quanta differenza c'è fra « lui » e noi. Il computer è poco elastico, e questo spesso ci fa infuriare, ma assolutamente logico. E non fa sconti.

È proprio usando il computer a diversi livelli che ci accorgiamo quanto imperfetta e lacunosa sia la nostra logica e quanto approssimativo sia il nostro modo di ragionare. Gli elaboratori logici e tutti i computer sono specialmente adatti per « coloro i quali capiscono veramente ciò che stanno cercando di fare », come dichiarò a suo tempo uno dei padri della cibernetica e dei moderni computer. Solo chi sa bene ciò che vuole e ha al proposito le idee chiare può avere interesse a esprimerle in forma di istruzioni codificate per poterle elaborare automaticamente e trarne le logiche conseguenze. Proposizioni vaghe o espresse in modo ambiguo non conducono in questo caso da nessuna parte, come può constatare chiunque di noi quando si trova ad avere un diverbio con il proprio computer: cocciuto e intransigente, ha però sempre ragione lui.

Ecco che allora quella dei computer e del loro uso è una scuola di chiarezza e di consequenzialità, una forma di precisione, diciamo qualitativa, che si va ad aggiungere a quella quantitativa che caratterizza per altri versi la nostra epoca. La necessità di chiarezza e di una formulazione non ambigua delle idee rappresenta un'istanza capitale per una parte della nostra cultura e del nostro modo di vedere le cose, che si va ad aggiungere alla familiarità da noi acquisita con il misurare e il quantificare e all'abitudine anch'essa recente di misurare il tempo, di giorno e di notte. Naturalmente questo comporta uno sbilanciamento nel nostro atteggiamento riguardo alle nostre diverse facoltà mentali e intellettuali, privilegiandone alcune piuttosto che altre e questo non a tutti piace. Il pendolo si va spostando decisamente verso un estremo e non è detto che prima o poi non abbia un rimbalzo verso il culto dell'indistinto e dell'ambiguo.

L'ambiguo e l'indistinto hanno per noi un fascino irresistibile, che si esprime anche sul piano letterario e più in generale artistico. Il fatto che il collettivo umano abbia di recente adottato in larga parte un atteggiamento volto alla precisione e alla consequenzialità logica non significa che ogni individuo faccia questo senza sforzo, né tanto meno con naturalezza e con entusiasmo. Tutt'altro. La cosa riesce difficile a molti, se non ai più, e lascia spesso un senso di spossatezza, di meccanicità e di aridità. Non si rinuncia a cuor leggero alla nostra naturale propensione verso l'imprecisione e l'ambiguità, propensione che ci deriva in ultima istanza dall'alto grado di parallelismo di tutto il nostro sistema nervoso.

Il parallelismo, cioè l'elaborazione contemporanea di un gran numero di segnali nervosi, rappresenta il modo di funzionare normale e la posizione di riposo del nostro sistema nervoso e probabilmente del nostro cervello. Solo al momento della presa di coscienza, della progettazione di un'azione materiale, e ancor più nell'impostazione di un ragionamento o di un calcolo si ha probabilmente un momentaneo abbandono di tale modo di essere per lasciare il posto a un processo seriale, cioè sequenziale. Esprimere verbalmente un pensiero e risolvere un problema sono espressioni di un modo di funzionare seriale della nostra mente – un concetto dopo l'altro, un'affermazione dopo l'altra.

È ragionevole pensare che l'ambiguità e la scarsa lucidità siano la caratteristica abituale del modo di procedere parallelo, che affonda almeno in parte le sue radici in quello che oggi si usa chiamare Inconscio. L'ambiguità è spesso il risultato della compresenza nella mente di diversi significati nello stesso termine, significati che possono interessare a volte anche modalità sensoriali e percettive diverse: una astratta e più razionale, una più emotiva, una visiva, un'altra tattile e via discorrendo. La scarsa lucidità e l'imprecisione possono così derivare da una serie di istantanei corti circuiti subliminali fra processi paralleli diversi o di veri e propri slittamenti da un piano a un altro e da un processo a un altro. Tutto ciò va benissimo per quasi tutte le circostanze della vita – soprattutto per quella di una volta – ma è incompatibile con uno sforzo di razionalità e di lucidità.

Quest'ultimo è molto redditizio e proficuo, ma pesante e ingrato. Va bene spesso per il collettivo, ma raramente per il singolo. Ha rappresentato un grande vantaggio per la società moderna che ne ha beneficiato negli ultimi secoli, mentre il singolo anche oggi ne soffre, più o meno consapevolmente, e cerca di evitarselo il più possibile. A livello collettivo tuttavia si è andato sempre più sensibilmente affermando un atteggiamento lucidamente consequenziale e poco propenso all'ambiguità e all'imprecisione dei concetti, almeno in alcuni campi della nostra attività.

Queste osservazioni sulla analogia-contrapposizione del funzionamento della nostra mente con quello dei computer suggeriscono una considerazione di carattere più generale su alcuni concetti come chiarezza, fascino e profondità. Ci appare chiara un'affermazione che si può seguire almeno momentaneamente con la logica e il suo procedere lineare. Una chiarezza sostenuta per più di qualche episodico sprazzo di consequenzialità implica solitamente la formulazione di definizioni esplicite e una certa coerenza a esse e caratterizza un discorso sequenziale, lucido e razionale, fondamentale per le matematiche e più in generale per un approccio tecnico-scientifico ai problemi. Ciò è molto faticoso, raramente presenta un qualche fascino per chi lo segue e quasi mai aspira a farsi riconoscere un qualche valore artistico. Il fascino di un'espressione di qualsiasi tipo deriva spesso dalla sua ambiguità e ricchezza di significati. È questa riposante immersione in regioni prelogiche che si conquista la nostra predilezione. Oltre che a subirne il fascino, tendiamo di solito anche a ritenere più profondo ciò che è più ambiguo e polisemico, fino a considerare mistico ciò che è spesso solo confuso e contraddittorio. Va da sé che quelle rare volte nelle quali si riesce a conferire una certa chiarezza a qualcosa che conserva solidi legami con il mondo del parallelo e ha ancora vaste risonanze in quello, si giunge veramente al massimo della profondità e del fascino.

L'insieme di queste nostre propensioni ha comportato da sempre il fatto che noi tendiamo ad assegnare alla metafisica il primato ideale su tutte le forme di attività intellettuale. Siamo anche portati a pensare, e qualcuno lo afferma apertamente, che la metafisica sia una conquista recente della civiltà umana e un punto di approdo della nostra riflessione intellettuale. Io ritengo che sia vero proprio il contrario: la propensione per la metafisica è un punto di partenza per la nostra psiche, punto di partenza abbandonato in parte, e con grande sforzo, solo in tempi relativamente recenti. Quello che possiamo comprendere del pensiero primitivo e lo studio della storia della nostra civiltà ci mostrano come le prime civiltà sono « naturalmente » metafisiche e magiche, cosa che conferisce loro un fascino eccezionale, mentre la razionalità e soprattutto un atteggiamento che potremmo definire pragmatico compaiono solo successivamente e anche saltuariamente. Anche senza scomodare per queste cose la classica definizione di « pensiero magico » dei cosiddetti primitivi, dobbiamo notare che le grandi e piccole mitologie, le religioni documentate e tutto il pensiero « scientifico » primitivo si ispirano a un atteggiamento mentale sommamente ambiguo e polisemico, che ci fa spesso attribuire a queste costruzioni del pensiero un grande fascino poetico e genera in molti un rimpianto nemmeno tanto nascosto per le civiltà e la mentalità del passato.

In questa ottica dobbiamo prendere in considerazione le discipline che studiamo come esseri umani e che riscuotono una maggiore o minore simpatia da parte dei diversi soggetti. Se non c'è dubbio che per fare qualcosa bene, di qualsiasi tipo essa sia, occorre capacità e impegno, è anche vero che applicarsi a discipline diverse non richiede necessariamente le stesse doti. Ciò viene spesso negato o tutt'al più attribuito a misteriosi tipi di «intelligenze» diverse: c'è l'intelligenza logico-matematica, l'intelligenza linguistica, l'intelligenza musicale e via discorrendo. A parte il fatto che in nessuno di questi casi è stata definita la parola intelligenza, specialmente se usata come facente parte di un gruppo di facoltà simili ma non identiche, non si chiarisce in nessuna maniera perché sia così. L'opinione che mi sono fatto è che per attività intellettuali diverse si usano facoltà mentali leggermente diverse, soprattutto per quanto riguarda la componente seriale.

Per la matematica, la logica e tutte le discipline che richiedono un ragionamento rigoroso e prolungato, si deve più spesso «pescare» nel bacino mentale del seriale che in quello del parallelo o quasi seriale. Per tutte le altre attività, anche se ci si dedica a esse con altrettanto impegno, è richiesta una minore serialità o una serialità meno protratta nel tempo. Non si tratta di una distinzione qualitativa, perché anche per tradurre bene e per scrivere mettendo le parole giuste nel posto giusto è richiesta una sensibile dose di serialità, ma certo l'intensità e la continuità dell'impegno seriale è minore per le discipline cosiddette umanistiche che per quelle cosiddette scientifiche. Se lo si ammettesse apertamente si eviterebbero tutte quelle contorsioni argomentative alle quali si indulge di solito per spiegare perché uno è più portato per una cosa e uno per un'altra.

Questo chiarirebbe anche una volta per tutte la questione delle cosiddette «Due culture». La mentalità scientifica e quella umanistica non differiscono solo perché chi ci si dedica e ne coltiva i rispettivi campi deve possedere nozioni diverse e avere quindi due «culture» diverse. Esse differiscono ben più intrinsecamente perché si appoggiano su strumenti mentali un po' diversi e questo spiega perché qualcuno possa avere una preferenza per l'una e qualche altro per l'altra. Dire che sono diverse non significa dire che una è superiore all'altra, come succede in quasi tutti i casi; ma, come succede in quasi tutti i casi, per paura di una classificazione e di una conseguente prevaricazione o discriminazione, si nega la differenza.

Occorre smettere di dire che non esistono due culture – chiunque può testimoniare che non è così – e cercare invece di chiarire su che cosa in realtà queste si appoggiano. Se è vero che l'uomo è uno, la mente è una e quindi in senso superiore la Cultura è una, è anche vero che negare le differenze che esistono a tutti i livelli non ha mai portato a niente di buono. Il vero problema è che poi si creano i partiti: di quelli che sostengono che la cultura scientifica è superiore perché più logica e attendibile e di quelli che sostengono che la cultura umanistica è superiore perché coglie la vera essenza delle cose, non si perde nei particolari e parla di più all'uomo totale. In un caso come nell'altro si tratta di vuota retorica, che danneggia una discussione serena sul cammino della civiltà e penalizza i giovani che si affacciano alla vita professionale: ognuno deve poter scegliere la propria strada senza paura di essere classificato e magari ghettizzato. Se uno non ama la matematica, non la ama e non gliela si può facilmente fare amare; se uno non ama le lettere, non le ama. Punto e basta. L'intelligenza, qualunque cosa essa sia, non c'entra niente. Senza contare che esistono moltissime attività e quindi professioni che si trovano «in mezzo al guado», come ad esempio la medicina e l'architettura, che richiedono tanto le doti di un tipo quanto quelle dell'altro.

Tra le cose al momento non spiegate, ma che meriterebbero una certa attenzione c'è anche quella delle diverse età di « fioritura » dei cultori più in vista delle diverse discipline. Parlando molto approssimativamente, un matematico dà il meglio di sé a venticinque anni, il fisico a trenta-trentacinque e il biologo a quaranta, per non parlare che delle discipline scientifiche, a proposito delle quali è più facile fare una statistica. Da parte loro, un letterato e un filosofo non sembrano avere limiti di età. Perché? Che cosa c'è nelle diverse discipline che sembra « scattare » a età diverse? E che cosa cambia, insensibilmente, con l'età? Questa è una domanda per la quale non ho mai trovato una risposta soddisfacente, ma che non mi sembra troppo oziosa.

Almeno per quanto riguarda le discipline scientifiche, potrebbe sembrare che il meglio si possa dare quando è più forte e stringente la nostra capacità razionale, ma la storia della scienza non sembra dire questo. I grandi creatori, quelli che hanno lasciato un'impronta duratura nel pensiero umano, sono quelli che hanno introdotto significative novità, spesso in contrasto, se non in aperta rottura, con le idee precedenti. La loro celebrità è legata proprio a questa loro carica di « sovversione » nei riguardi delle idee correnti.

Trattandosi di scienziati, il rigore scientifico non deve certo fare difetto, ma non basta a decretare l'immortalità di una teoria o di una scoperta. Per usare una metafora figurativa, sembra proprio che più della capacità di camminare con lucidità e tenacia lungo i sentieri già tracciati del pensiero logico, i grandi creatori possiedano la capacità di andarsene di tanto in tanto « per vie traverse », per fare incursioni più o meno proficue nei « pascoli del cielo » della mente, prima di rientrare e di rimettersi disciplinatamente « sulla carreggiata ». O non è affatto così, e questa è una falsa impressione, oppure bisogna supporre che queste incursioni, piuttosto rare ma fondamentali, siano più facili da compiere in una specifica età della vita e della mente umana, età che cambia leggermente ma consistentemente da disciplina a disciplina.

Irrazionalità e razionalità limitata

Ritorniamo al nostro modo di ragionare. Le moderne neuroscienze ci hanno insegnato che cosa voglia dire percepire alla nostra maniera, approssimata e parziale, ma veloce ed essenziale, integrata e ricostruttiva, obbligatoriamente interpretante, impressionistica e infedele quanto basta. Siamo caratterizzati da una molteplicità di livelli d'attenzione che operano in base a un criterio di lucidità differenziale. Vediamo di che cosa si tratta, prendendo le mosse dallo studio dell'organizzazione topografica della retina, il tappeto di fotorecettori presente sul fondo dell'occhio grazie al quale abbiamo una visione del mondo circostante. Questa non possiede un potere risolutivo uniforme. Ha una piccola regione al suo centro, chiamata fovea, che è capace di distinguere dettagli minuti, mentre tale potere è molto ridotto nelle zone circostanti e minimo alla periferia. Ciò non impedisce che queste regioni possano rispondere alle stimolazioni visive. Esistono infatti un'infinità di stimoli che non richiedono una grande risoluzione, mentre possono benissimo servire a metterci sul chi vive o a fornirci comunque un quadro della situazione. In questi casi non sono la precisione e la visione dettagliata che contano, ma la prontezza della constatazione e l'ampiezza del campo visivo. Se poi voglio vedere con maggior dettaglio ciò che sta succedendo dovrò fare di tutto per vederlo con la fovea, spostando la testa e gli occhi in modo che l'immagine ottica formata dal cristallino vi cada sopra.

Qualcuno si potrebbe chiedere perché non tutta la retina ha la stessa risoluzione e lo stesso dettaglio della fovea. La risposta è semplicissima: ciò comporterebbe un nervo ottico di dimensioni enormi e una corteccia visiva troppo estesa. La soluzione scelta dall'evoluzione è quindi una di compromesso, che contempla un doppio regime per la visione: una ristretta regione che offre un grande dettaglio e una più ampia che permette l'accesso a un vasto campo percettivo, anche a scapito del dettaglio. Un doppio regime di questo tipo sembra valere per molte altre nostre funzioni nervose: esistono circuiti e meccanismi che assicurano una percezione, e di conseguenza una decisione, immediata anche se imprecisa e altri che garantiscono una decisione più circostanziata e meditata. Non è necessario infatti trattare tutto alla stessa stregua. Si ha a che fare piuttosto con una percezione e un'elaborazione dell'informazione di tipo per così dire progressivo e telescopico. La messa a fuoco di sensazioni, rappresentazioni e concetti si realizza sotto forma di una continua serie di « zoomate » su elementi particolari a partire da uno sfondo relativamente uniforme, che garantisce comunque un buon grado di sorveglianza ed è in grado di registrare immagini e concetti con prontezza anche se con un dettaglio inferiore.

A questa molteplicità di regimi di funzionamento non sfugge neppure la nostra facoltà raziocinante. Negli ultimi trenta anni sono stati fatti molti studi per verificare la logicità dei nostri ragionamenti. Si è visto così che, messo davanti a certi particolari problemi logici, ciascuno di noi compie sistematicamente lo stesso tipo di errori, indipendentemente dal grado di cultura e dall'intelligenza. Si è parlato a questo proposito di tunnel cognitivi o anche di illusioni cognitive, perché si ha la sensazione che in questi casi la nostra mente sia vittima di una sorta di « incidenti » o di

« cospirazioni » che non può assolutamente evitare, proprio come nel caso delle cosiddette illusioni ottiche, nelle quali cadiamo anche se sappiamo bene qual è la verità.

Può stupire in effetti che la nostra mente abbia tali falle o inadeguatezze, ma occorre inquadrare i fatti in una logica più complessiva. Innanzitutto, non si tratta per lo più di errori troppo elementari che si presentano in processi quotidiani e consueti; si tratta al contrario di situazioni abbastanza complesse e di natura decisamente astratta. In secondo luogo, è necessario considerare che il nostro cervello non si è formato e perfezionato nel nostro mondo ipermoderno: l'ultima volta che è stato geneticamente modificato risale a più o meno centocinquantamila anni fa, e allora le condizioni di vita erano piuttosto diverse per i membri della nostra specie. Nessuno giocava professionalmente a scacchi, nessuno faceva complicate scommesse, nessuno faceva l'agente delle assicurazioni. Quello che occorreva era prendere rapide decisioni in un ambiente semplificato ma ricco di insidie: scappare o attaccare, fingersi morto o chiamare aiuto, attaccare discorso o tergiversare, a seconda delle circostanze. E per queste esigenze la nostra logica un po' lacunosa andava più che bene: era insomma abbastanza adatta allo scopo per il quale era stata concepita, o per meglio dire si era evoluta.

La conclusione generale è che la nostra mente è logica e consequenziale fino a un certo punto. Da un certo punto in poi applica una logica per così dire « a spanna » e possiede un'innata tendenza al compromesso operativo. Si tratta di un modo di procedere un po' approssimativo ma più che sufficiente per affrontare le vicende della vita di tutti i giorni. Il fatto poi che la nostra mente individuale non sia in tutto e per tutto razionale non è necessariamente un male, come abbiamo visto nel precedente capitolo. Funzionare per schemi mentali non perfettamente logici e approssimativi può avere la sua convenienza e in effetti ce l'ha. Nell'affrontare certi problemi particolarmente complessi e che richiederebbero una lunghissima catena di ragionamenti logici, procedere per schemi euristici, anche se non totalmente razionali, può costituire un vantaggio, se non altro nel rendere più spedito il processo decisionale. A tutto questo, per il momento almeno, il computer è assolutamente estraneo.

Accanto alla razionalità ci sono in noi l'emotività e il sentimento. Qualcuno ha proposto, abbiamo visto, che questi altro non rappresentino che forme di elaborazione dell'informazione che sono alternative alla razionalità e finalizzate al raggiungimento di una risoluzione allo scopo di prendere comunque una decisione. Esistono infatti molte situazioni di vita che impongono una sollecita risoluzione, ma che per via razionale richiederebbero una lunghissima riflessione. Ecco che allora la decisione emotiva, o addirittura viscerale, diviene utile, se non necessaria. In questa ottica l'emotività si presenterebbe quindi come una forma particolarmente sfuocata ma prontissima di razionalità. Il criterio della lucidità differenziale sembra quindi permeare ogni aspetto della nostra vita mentale e della nostra condotta, dai sensi al ragionamento, dalla valutazione alla decisione.

Non si può non notare quanto potente sia la tendenza all'irrazionalità in ciascuno di noi. Anche le persone più razionali, che utilizzano cioè più spesso la loro razionalità, magari per ragioni professionali, riservano ampi spazi della loro vita all'irrazionalità. Sembra anzi spesso che più si è costretti a essere razionali, più si rimbalza all'occorrenza verso un'irrazionalità senza freni. Può essere il tifo sportivo, la passione per questa o quella cosa che viene definita la migliore del mondo, l'opinione politica, il gusto o semplicemente un'opinione totalmente arbitraria sulla maniera migliore di educare i figli. La maggior parte degli intellettuali, inclusi gli scienziati, che io conosco, si abbandonano ai discorsi più campati in aria quando esulano dal loro campo e non può non colpire il fatto che una persona così prudente e cauta quando parla delle cose che conosce bene, diviene assolutamente rigida se non fondamentalista quando parla di cose delle quali non si intende ma che costituiscono così spesso l'oggetto delle sue valutazioni e dei suoi commenti.

Abbiamo appena parlato delle illusioni cognitive e del loro studio. In effetti da una trentina di anni è stata intrapresa un'analisi sistematica del modo con il quale noi esseri umani « ragioniamo » e soprattutto prendiamo decisioni, valutando le diverse situazioni e soppesandole secondo la nostra propria inclinazione e il nostro giudizio. Questa nuova disciplina, la Psicologia sperimentale della decisione, si è estesa anche allo studio dell'Economia, originando la cosiddetta Neuroeconomia. Partendo dagli studi pionieristici di Daniel Kahneman e Amos Tversky negli anni Settanta (per i quali è stato assegnato a Kahneman il Premio Nobel per l'Economia nel 2002) è divenuto sempre più chiaro che la nostra è sempre una razionalità limitata e che per decidere ci basiamo pesantemente su giudizi intuitivi e valutazioni probabilistiche spesso gravemente scorrette.

Abbiamo in fondo sempre saputo che raramente le scelte che facciamo sono veramente razionali. Quello che è emerso da tali studi è che anche quando siamo convinti di prendere decisioni razionali, perché usiamo con molto impegno la nostra capacità di ragionare e di valutare, incorriamo spessissimo in errori logici perché la nostra « logica » è spesso viziata all'origine. Ciò è dovuto essenzialmente al fatto che il nostro cervello è « pigro » e sceglie linee di minimo sforzo, ricorrendo alla logica stretta solo quando non ne può fare a meno o davanti alle ferme obiezioni degli altri. Si affida in sostanza ogni volta che può a giudizi intuitivi che occupano una posizione intermedia tra le operazioni automatiche della percezione e le operazioni deliberate del ragionamento.

Si è giunti così a una visione della mente che distingue l'intuizione dal ragionamento e la ricerca si è concentrata sugli errori dell'intuizione, che sono stati studiati sia per il loro interesse intrinseco sia per il loro valore come indicatori diagnostici dei meccanismi cognitivi. La distinzione tra intuizione e ragionamento è stato tema di forte interesse in questi decenni. Soprattutto nel tentativo di organizzare i risultati apparentemente contraddittori negli studi dei giudizi in condizioni di incertezza e di stress, sono state chiamate in causa le differenze tra due modelli di pensiero o due tipi di processi cognitivi che sono stati chiamati rispettivamente Sistema 1 e Sistema 2.

Le operazioni del Sistema 1, o Sistema euristico – più simile al sistema percettivo vero e proprio –, sono rapide, automatiche, non costose in termini di sforzo, associative e difficili da controllare o modificare. Le operazioni del Sistema 2, o Sistema analitico – con le caratteristiche di un processo ponderato –, sono più lente, seriali, costose in termini di sforzo e deliberatamente controllate; sono anche relativamente flessibili e potenzialmente governate da regole.

I giudizi intuitivi riguardano sia concetti che percezioni e possono essere evocati dal linguaggio. Il sistema percettivo e le operazioni intuitive del Sistema 1 generano impressioni riguardo agli attributi degli oggetti di percezione e di pensiero. Queste impressioni non sono volontarie e non è necessario che siano esplicitate verbalmente. Nel caso del Sistema 2 i giudizi sono sempre espliciti e intenzionali, siano o meno apertamente espressi. Dunque il Sistema 2 è coinvolto in tutti i giudizi, sia che abbiano origini in impressioni o nel ragionamento deliberato. Una delle funzioni del Sistema 2 è controllare la qualità di entrambe le operazioni mentali e del comportamento manifesto. I giudizi espliciti resi dalle persone sono, manifestamente o meno, avallati almeno passivamente, dal Sistema 2, che all'occorrenza, ma non spontaneamente, sovrintende a tutte le operazioni. Noi tendiamo spontaneamente ad avvalerci del Sistema 1 nel maggior numero possibile di casi e lo impieghiamo comunque come prima risorsa. Ciò comporta per lo più errori e imprecisioni. Se necessario, utilizziamo poi in seconda battuta il Sistema 2 che introdurrà elementi di maggiore affidabilità.

In sintesi il Sistema 1 è veloce, parallelo, automatico, privo di sforzo e difficile da modificare, mentre il Sistema 2 è lento, seriale, controllato, faticoso e governato da regole, e al contempo flessibile.

In tempi recenti sembra che qualcosa sia emerso anche per quanto riguarda i correlati neurali dei due sistemi. Come c'era da aspettarsi, le funzioni del Sistema 1 correlano con diverse aree del cosiddetto sistema limbico – in particolare l'amigdala, l'insula e lo striato – mentre il Sistema 2 riguarda prevalentemente la corteccia prefrontale, le cui operazioni sono probabilmente seriali, lente, consce e altamente controllabili. Tali caratteristiche ben si combinano con la sua posizione di preminenza gerarchica, esattamente come il Sistema 2 risulta in un certo senso preminente: è il Sistema 2 ad avere sempre l'ultima parola. In aggiunta, è interessante rilevare come la corteccia prefrontale, oltre ad avere compiti di direzione, sia direttamente implicata nella pianificazione e nella gestione di piani d'azione non abituali, quelle operazioni che sono associabili esclusivamente al Sistema 2. Da notare infine che la corteccia cingolata anteriore si attiva in caso di conflitto tra le risposte dei due sistemi. Come meccanismo rilevatore può essere considerata quindi come parte del Sistema 2.

Coscienza e razionalità

Abbiamo invocato in almeno due circostanze la serialità in campo neurale e il suo rapporto con il parallelismo: per il modello dell'atto di coscienza come clessidra e appena adesso per la distinzione fra l'operato del Sistema 1 e del Sistema 2 nella valutazione delle situazioni e nel prendere decisioni. Nel caso dell'operato del Sistema 2 sono stati anche invocati i concetti di razionalità e di ponderazione. Forse è arrivato il momento di chiedersi che cos'è propriamente la razionalità e qual è il suo rapporto con la coscienza. In effetti, più ne parliamo, più ci rendiamo conto che non abbiamo affatto le idee chiare sulla natura stessa della razionalità, una facoltà alla quale alludiamo assai spesso, anche perché siamo convinti che ci caratterizzi come poche altre.

Vediamo prima bene che cosa si può intendere per razionalità. Esiste senza dubbio una razionalità elementare che ispira più o meno ogni azione; altrimenti gli animali farebbero un mucchio di cose senza senso. Si tratta di una razionalità appunto elementare, che permette di andare a destra se la preda è andata a destra o accelerare se quella accelera. In animali superiori e sociali si possono avere anche strategie più complesse, magari apprese, che permettono di ottenere risultati migliori. Da notare che molti animali sanno anche compiere operazioni aritmetiche elementari e «contare» con un po' di approssimazione un certo numero di elementi.

Tali operazioni richiedono certamente consapevolezza e

memoria, ma possiamo parlare in questo caso di ragionamento? Sì e no. In situazioni semplici e immediate, quando non ci sono elementi di incertezza o spazi di ambiguità, il sistema nervoso degli animali superiori è in grado evidentemente di discernere una condotta quasi razionale e di seguirla. Le ragioni di tale comportamento sono più che evidenti: come abbiamo detto a proposito dell'affidabilità della percezione, se non fosse così e non fosse stato così da tempo, l'individuo in questione non esisterebbe perché i suoi antenati si sarebbero estinti da millenni. Occorre che le percezioni non siano troppo in contrasto con l'andamento delle cose del mondo e che i meccanismi automatici della decisione siano sufficientemente adatti al tipo di vita che conduce ordinariamente l'individuo stesso. Una parte di quello che non è automatico e innato può essere poi imparato durante la vita osservando i membri più maturi del gruppo. Si tratta comunque nel caso degli animali, anche i più evoluti, di meccanismi automatici o semiautomatici da applicare alle situazioni più frequenti e consuete. Se la situazione è molto nuova, se non è facile cogliere tutte le condizioni che concorrono a definirla e se il « ragionamento » richiede più di uno o due passi logici, tutto questo non basta: dà luogo a comportamenti erratici o incongrui e magari l'animale si paralizza. È allora che in noi subentra, quando subentra, una capacità raziocinante di ordine superiore, che richiede di solito una maggior ampiezza di visione, una più lunga concatenazione di passaggi logici e un certo grado di astrazione.

Se c'è tempo e se c'è voglia si entra così in linea di principio nel regno della logica e del ragionamento consequenziale, quelle facoltà che ci insegnano fin da bambini, che ci contraddistinguono e che hanno fatto definire l'uomo come *l'animale razionale*. Sono in realtà venticinque secoli che abbiamo catalogato gli strumenti di base per portare a termine un ragionamento logico, uno cioè che partendo da premesse vere non può che condurre a conclusioni vere. Aristotele e la sua scuola elencarono infatti tutti i modi per condurre un ragionamento a fil di logica ed enuclearono i principi fondamentali stessi di questa scienza. Essi erano convinti di aver trovato così le leggi del pensiero o almeno le modalità secondo le quali una mente logica procede per arrivare a certe conclusioni. Non si trattava affatto delle leggi del pensiero: nessuno ragiona infatti ordinariamente secondo queste linee e abbiamo appena visto che nessun individuo è sempre perfettamente logico. La logica aristotelica deve essere ugualmente considerata un mirabile monumento dello spirito umano. Possiamo anzi affermare che la logica è una disciplina, l'unica forse, che sia nata « adulta ». Poco è stato aggiunto nei secoli a questo mirabile edificio che prende il nome di Logica Classica, anche se molte altre articolazioni possibili della logica stessa sono state elaborate e analizzate soprattutto negli ultimi due secoli.

Tanto bene sono stati individuati i principi che la logica deve seguire e i metodi necessari e sufficienti per elaborare logicamente proposizioni e dati di partenza che su di essi si è basata la creazione e l'evoluzione della programmazione del pensiero artificiale dei computer e di tutti gli automatismi a essi correlati. L'informatica di oggi e la cosiddetta Intelligenza Artificiale sono stati quindi i veri beneficiari delle conoscenze accumulate con la logica classica e i suoi successivi sviluppi. Ci troviamo così di fronte all'ennesimo paradosso: le leggi della logica da noi individuate non governano il nostro modo di ragionare, anche se potrebbero farlo, ma sono state fondamentali per imitarlo nei programmi dell'informatica. Un tema simile l'abbiamo già trattato a suo tempo e non riteniamo che sia il caso di ritornarci sopra, ma vale comunque la pena di rimarcare questi nuovi sviluppi del confronto fra mente naturale e mente artificiale. La nostra mente potrebbe insomma benissimo procedere seguendo i principi secondo i quali procedono i calcolatori, ma non lo fa perché a essi è nello stesso tempo superiore e inferiore: superiore perché è molto più veloce nel portare avanti alcuni processi e può tenere conto di molti più dati al contorno; inferiore perché nella procedura lineare è assai più lenta e si stanca dopo pochi passi, mostrando spesso vere e proprie smagliature.

Come funziona allora la nostra razionalità deliberata e ponderata? Quali principi segue? E in che rapporto sta con la coscienza? È presto per rispondere in maniera documentata a queste tre domande, ma qualche ipotesi la possiamo fare, almeno a proposito della terza. Supponiamo di dover risolvere un problema matematico non troppo ostico, nel quale occorre rispondere a certe domande partendo da alcuni dati di partenza e da ciò che sappiamo. In qualche raro caso e per qualche persona la procedura per giungere alla soluzione può apparire ovvia e affacciarsi alla mente senza problemi; si tratta allora soltanto di fare qualche calcolo. La prima cosa che si richiede è comunque una certa dose di attenzione e di concentrazione. Anche solo per fare 23 × 45 occorre concentrarsi, ovvero tenere a mente i dati di partenza, richiamare alla mente le regole della moltiplicazione, eseguire i passaggi implicati nel dovuto ordine e registrare il risultato. Occorre quindi nell'ipotesi più semplice leggere, scrivere e calcolare, tutte operazioni che devono scomodare di necessità la coscienza e quindi la serialità. E non per un attimo.

Non sempre però la soluzione viene in mente con facilità. Anzi, succederà spesso che ci si debba pensare su, che occorra fare delle ipotesi, tentare strade diverse, magari per non approdare a niente. Occorre cioè un misto di pensiero esplorativo – per cercare strade diverse e magari nuove – e di rigore per trarre le dovute conseguenze dalle varie ipotesi fatte. Quello che abbiamo chiamato rigore è in realtà l'impegno richiesto per seguire una procedura in maniera sequenziale e consequenziale: una sorta di calcolo generalizzato, che richiede certamente attenzione e serialità, vale a dire uno sforzo cosciente e continuato. Più complesso è il caso del pensiero esplorativo, per il quale occorrerà certamente attenzione, presenza e concentrazione, ma anche intuizione e pensiero associativo in buona parte inconscio. Comprendere che cosa succede in concomitanza con questo ultimo processo è quasi proibitivo e rappresenta un ottimo tema di ricerca per il futuro. Ma per tutto il resto è richiesta concentrazione e una serialità protratta.

Riassumendo quindi la risoluzione di un problema matematico richiede una notevole dose di serialità, a tratti intermittente, ma più spesso persistente e sostenuta. Se prendiamo in considerazione la risoluzione di un problema di carattere più generale e magari dai contorni meno netti di quelli di un problema matematico è verosimile che in buona parte questo richieda un'elaborazione cosciente e quindi seriale e certamente costanza e persistenza. A parte il contributo essenziale della memoria e di processi associativi inconsci, la razionalità deve necessariamente passare per la coscienza, in partenza certo, in conclusione e qua e là durante tutta l'elaborazione del pensiero. Non possiamo quindi non considerare la razionalità come una provincia essenziale della coscienza, anche se aperta a suggerimenti e suggestioni da parte dei più diversi processi inconsci. Ciò è più facile da osservare in un lavoro routinario da parte di un professionista, come un ragioniere, un commercialista, un avvocato, un notaio, un ingegnere o per alcuni aspetti un architetto.

La razionalità ordinaria quindi, quella che serve per condurre un ragionamento che si sforza di essere rigoroso, passa necessariamente per la coscienza e, soprattutto, per la capacità di tenere la coscienza relativamente fissa su un tema o su una sequenza di temi. Questa è forse l'essenza più autentica della razionalità. Invece di fissare l'oggetto della coscienza ora su questo e ora su quello in maniera sostanzialmente casuale, fare un ragionamento razionale vuol dire rimanere per un certo tempo costantemente su una sequenza di pensieri correlati tra di loro in una concatenazione, che noi chiamiamo logica. È quindi prima di tutto una questione di costanza, di costanza autoimposta, che si risolve poi nei casi migliori nella capacità di seguire una certa successione di pensieri, passo dopo passo, come fa, a nostra imitazione, un computer, che non ha problemi di costanza ed è programmato per tirare le fila di una successione di elaborazioni di simboli. Per noi questo non viene naturale, anzi è piuttosto fastidioso, per tutti i motivi che abbiamo sopra elencato, e particolarmente faticoso. Ma è probabilmente ciò che ci distingue dagli animali, a parte il linguaggio e la capacità di elaborare pensieri solo indirettamente correlati a qualcosa che è presente ai sensi al momento, ovverosia quello che spesso viene chiamato pensiero simbolico.

Quando nel capitolo precedente abbiamo parlato del dolore, abbiamo fatto notare che la componente più propriamente sensoriale e quella affettiva della sensazione dolorosa viaggiano lungo due vie nervose diverse e confluiscono verso due componenti corticali diverse: la prima verso la corteccia somatosensoriale dove viene analizzata e riferita con precisione alla sua particolare localizzazione corporea di partenza – braccio, gamba, spalla e simili – e la seconda verso il cosiddetto sistema limbico, che registra ed elabora le emozioni, qualunque sia la loro origine. I campi recettivi della prima sono piuttosto piccoli e permettono la localizzazione dettagliata della sede corporea da cui deriva il dolore; quelli della seconda, al contrario, sono ampi e corrispondono più o meno all'intero corpo.

Si ha a che fare così con una precisa discriminazione e grande dettaglio da una parte e con una percezione diffusa e integrata dall'altra, in concordanza con la natura intrinsecamente qualitativa degli aspetti emotivi, contrapposta a quella più dettagliata e quantitativa di gran parte dell'informazione di altro genere che circola nel sistema nervoso. Abbiamo a suo tempo anche notato che questa osservazione poteva avere una qualche connessione con la gestione dell'informazione nervosa, più precisa e puntuale come nel caso del ragionamento o del calcolo oppure più complessiva e delocalizzata come nel caso della vita emotiva. Forse tutto ciò potrebbe essere ripreso adesso, in sede di riflessione sulla natura della razionalità.

Il problema è che non sappiamo come, se non proponendo che l'esercizio della razionalità implichi anche l'utilizzazione di una serie specifica di localizzazioni corticali di natura più dettagliata e puntuale. Ma non sappiamo quali, né sappiamo come queste potrebbero venire selettivamente «consultate». Sarebbe bello poter concludere che oltre a una differenza quantitativa c'è nell'innesco preferenziale della razionalità una differenza qualitativa, ma ciò è prematuro. Dobbiamo contentarci delle riflessioni precedenti e sperare che anche questo argomento possa essere messo presto su basi più solide e più scientifiche.

La razionalità è quindi la gestione di sequenze di pensieri correlati, con un'attenzione protratta e all'interno dello stesso episodio di coscienza o della stessa sequenza di episodi di coscienza. Abbiamo visto però che esiste anche qualcosa sotto di questo, l'insieme di flash razionali o quasi razionali automatici e paralleli che permettono di risolvere, spesso con una sequenza inosservata, i problemi della razionalità spicciola quotidiana. Ma esiste poi qualcosa che sta sopra? Una razionalità superiore che non si specchia nella razionalità della risoluzione dei problemi e che non segue gli stessi meccanismi? Io non credo, e non so immaginare di che cosa possa trattarsi, ma ci sarà certamente chi per l'ennesima volta invocherà l'esistenza di qualcosa d'altro. Per queste faccende costoro dovranno interpellare tutti quelli che parlano con sussiego dell'uomo come animale razionale fatto a immagine e somiglianza di Dio.

Ci saranno persone che non si accontenteranno nemmeno di questo. Faranno discorsi così astrusi, utilizzando le parole in maniera talmente arbitraria, scoordinata e confusa, mescolando tutti i piani di realtà possibili, da sentirsi legittimate a concludere, citando fior di Maestri del passato, che non lo sapremo mai e che la questione è complessa e richiede un ragionamento (?) più approfondito.

Coscienza e volontà. Libertà

La nostra impressione è che la coscienza ci serva anche a decidere il da farsi e a volere compiere un'azione, eventualmente poi messa in atto. Sul fatto che la coscienza talvolta possa testimoniare di una decisione del genere, ci può essere un certo accordo, fermo restando quello che abbiamo detto per i due Sistemi decisionali, l'1 e il 2. Per quanto riguarda la volontà abbiamo anche appena visto che la coscienza sembra « volere », talvolta con un grosso sforzo, rimanere fissa su una certa concatenazione di pensieri che conduce a un ragionamento logico. A noi uomini sembra però che la nostra coscienza sia capace di ben altri atti di volizione, dei quali certe volte è certamente testimone, perché a noi appare così. Ma è anche responsabile di tali atti? Difficile dirlo, anche se ciò appare un po' improbabile: la coscienza nella descrizione che ne abbiamo dato qui è uno stato della mente, un rispecchiamento più o meno fedele di eventi interni, un affioramento di processi nervosi subsimbolici inconsci caratterizzato da una specifica colorazione emotiva, non un centro di produzione di pensieri stessi e ancora meno di atti di volontà. In questo caso entra in gioco probabilmente un nostro cortocircuito mentale fra i concetti di coscienza e di Io (che qui abbiamo chiamato Sé).

Il Sé potrebbe essere forse un agente centrale responsabile di atti di volontà, cui potrebbe essere imputata una vera e propria responsabilità, ma non la coscienza come l'abbiamo rappresentata in queste pagine. Ecco allora che il fascio delle associazioni inconsce alle quali ci conducono la nostra biologia e la nostra storia ci riporta al Sé, sotto le mentite spoglie della coscienza. Questo Sé, del quale la coscienza è talvolta una facoltà, e l'unica via d'accesso individuale alle sue funzioni, può volere, qualunque cosa questo voglia dire, ma non c'è niente che ci dica in che cosa esso differisce dal nostro corpo nel suo insieme o, se si vuole essere più restrittivi, dal nostro cervello nel suo insieme. La totalità del nostro essere mentale prende delle decisioni, appoggiandosi alle sue articolazioni più diverse, e suggerisce alle diverse periferie di metterle in atto. Di queste decisioni, talvolta, ma non sempre, la coscienza si fa testimone o addirittura portavoce, sulla scorta di quel processo di continua razionalizzazione del quale abbiamo più volte parlato, ma niente più, come sembrano dimostrare anche gli esperimenti di Libet di cui abbiamo detto nel primo capitolo. Altrimenti si attribuiscono alla coscienza funzioni che questa non appare avere.

Siamo quindi solo testimoni delle decisioni, e delle loro conseguenti realizzazioni, che il nostro sistema nervoso prende per noi di volta in volta? Questa impopolare conclusione sembra al momento altamente probabile e ci sono diverse linee di ricerca sperimentale in neuroscienze che sembrano sostenerla, anche se nessuna assolutamente probante, essenzialmente per colpa della grande confusione terminologica che regna nel campo, dove si mischiano fatti e idee di oggi, di cento anni fa, di seicento anni fa, di duemila anni fa e di duemilacinquecento anni fa almeno, tutto condito di sofismi e di preterizioni cui sono particolarmente affezionati coloro che di mestiere perpetuano idee del passato e che così si autoperpetuano. È un miracolo insomma che qualcuno riesca anche a farci sopra degli esperimenti.

Il fatto certo è che nessuno è mai riuscito a individuare un luogo cerebrale o una funzione mentale che possano corrispondere a un Sé agente centrale diverso dalla totalità del nostro cervello, se non del nostro sistema nervoso e delle funzioni somatiche a esso correlate. Ma non mi sento di dire oggi che questo non ci sia – sarebbe presunzione e millanteria – e... chi cerca trova. Se sa che cosa sta cercando ed è onesto.

« E allora la libertà? » dirà qualcuno, intendendo dire con questo: « Che fine fa? » Chi formula questa domanda mostra di sapere bene che cosa sia la libertà, un concetto non molto più chiaro di quelli di coscienza e di Sé. Il problema è che se si scelgono un bel numero di soggetti tra coloro che sanno che cos'è la libertà e glielo si fa dire, si ottengono altrettante risposte diverse, se non di più. Molti si richiameranno addirittura al senso comune, affermando che tutti sanno che cos'è la libertà. A parte l'alzata d'ingegno del chiamare in causa il senso comune, quest'ultimo è di solito molto bravo a indicare che cos'è la libertà quando questa viene limitata, coartata o addirittura impedita, ma non è altrettanto bravo a indicare dove e come entra in ballo la libertà quando non ci sono impedimenti. Il concetto di libertà si mostra chiaramente e rifulge quando questa viene contrastata; quando una persona o un'organizzazione impediscono a qualcuno di esercitarla o di avere tale sensazione. Allora per difenderla e per affermarla si può combattere, anche fino alla morte. Per non trovarsi a essere eterodiretti, cioè diretti da qualcun altro, individuo o organizzazione che sia.

Se qualcuno riduce o sopprime la nostra libertà, sentiamo insomma di doverci ribellare anche violentemente. Ma se nessuno diverso da noi esercita alcuna influenza sul nostro comportamento, se le decisioni che prendiamo sono interamente nostre, che cos'è la nostra libertà? Vale a dire: chi decide per noi, « dentro di noi »? Ricadiamo in questa maniera nell'analisi fatta sopra del concetto di volontà e di vera origine delle nostre decisioni e comportamenti. E qui ci troviamo a un bivio concettuale che ruota intorno alla domanda: « Decido io o il mio corpo? » che vede la contrapposizione dell'io al corpo, come se quest'ultimo, dai geni alle cellule nervose, non fosse mio. A questo ci porta, o almeno porta molti di noi, una pesante eredità culturale che contrappone il corpo all'anima, della quale abbiamo visto che « mente », « coscienza » e anche « io » sono sostituti secolarizzati e frettolosamente modernizzati che non ne hanno perso però alcune caratteristiche salienti.

Dagli antichi greci che contrapponevano appunto il corpo con tutti i suoi difetti – per Platone *soma*, corpo, uguale *sema*, tomba, dell'anima ovviamente – all'anima che invece è eterea, eterna e superiore, alla tradizione religiosa di disprezzo del corpo mortale rispetto all'anima immortale, è tutto un susseguirsi di dichiarazioni di deprezzamento e di estraneità del corpo rispetto a un'ipotetica realtà altra, variamente chiamata anima, spirito, mente, coscienza, volontà, io e via discorrendo. Messa in questi termini, l'affermazione che le mie decisioni vengono prese dal mio corpo o da qualcuna delle sue parti sembra che sia una coartazione, l'esatto contrario delle libertà.

Questo è infatti uno degli argomenti più forti addotti da qualcuno per sostenere una posizione di tipo decisamente dualistico: c'è il corpo con le sue leggi e i suoi meccanismi, ma dentro di noi ci deve essere anche qualcosa d'altro. Chissà che cosa. Resta comunque il punto che il corpo mio è indiscutibilmente mio, anche se non sono direttamente io, e non di un altro. Non si tratta quindi affatto di essere eterodiretti ma piuttosto autodiretti, anche se una nostra direzione da parte del corpo può non piacerci. Ma dove sono io e che cosa sono? A ben considerare, il nostro corpo non si merita tanto disprezzo: sa fare tutto quello che so fare io, sa tutto quello che so io, perché possiede le mie conoscenze e i miei ricordi, soffre e gode insieme a me, mi nutre e mi sostiene, si sforza e giubila con me e può arrivare a vaneggiare con me. Ma soprattutto se vengo punito è lui che viene punito e se mi si rinchiuderà in una prigione sarà lui che verrà rinchiuso.

Questo è poi il punto essenziale, quello della responsabilità e della possibilità che mi si chiami a rendere conto delle mie azioni. Perché all'atto pratico, e su di un piano collettivo e sociale, l'esercizio della libertà significa un'assunzione di responsabilità e quindi la possibilità di dar conto dei propri comportamenti autonomamente decisi. Ma questo certamente la mia coscienza lo sa fare, perché è sempre in grado di spiegare, di razionalizzare e di far suo tutto quanto mi accade dentro. L'importante è che io sia in grado di rivendicare la paternità delle mie azioni, qualunque parte del mio corpo le abbia decise, perché questo è il fondamento del vivere civile e quello che ci fa sentire pienamente responsabili e padroni della nostra vita, senza invocare alibi di sorta. L'uomo libero si assume, tutte le volte che può, la paternità delle proprie azioni, senza ricorrere ad alibi e a scusanti. Questo e non altro è in fondo il vero significato della parola libertà.

4

IO E NON IO

La prima persona singolare

> « Se non è quello che uno ha perso a dare questa sofferenza insopportabile, allora forse è quello che uno non perderà mai. È quello che preferirebbe morire, piuttosto che mollare. » – « Ma se uno muore, lo molla eccome. » – « Eh no. Se uno muore, non c'è più e basta. »
>
> Cormac McCarthy, *Sunset Limited*

Io e la mia coscienza (fenomenica?)

A questo punto siamo rimasti con il fiammifero acceso in mano. Tutto quello di cui siamo in grado di parlare si è esaurito ed è stato fatto ricadere in un modo o nell'altro nel mondo delle cose, delle cose separabili intendo. Resto io con le mie sensazioni e la mia presa diretta con me stesso. Qualcosa di cui non dubito e che mi è estremamente presente. Finché sono sveglio. Ma io sono praticamente sempre sveglio. Talvolta più lucidamente e talvolta meno. E lo sarò sempre, in barba a ogni indisposizione del mio corpo o anche alla sua morte. Io sono sempre qui, mi piaccia o no.

A che cosa conduce tenere separata la mia sensazione interiore – io – da tutto il resto? In altre parole a che cosa ha portato tutta l'operazione che abbiamo compiuto in questo libro? Secondo me ha condotto a un chiarimento fondamentale riguardo alla coscienza e alla sua esperienza. Io ho una coscienza di cui ho esperienza diretta. Gli altri hanno una coscienza della quale io non ho esperienza ma che non ho nessun motivo di pensare che non abbia in generale le stesse proprietà della mia. È possibile quindi studiare le caratteristiche della coscienza degli altri dal di fuori e la mia tanto dal di fuori, come tutte le altre, quanto dal di dentro. Ma è uno studiare quello che faccio io su di me dal di dentro? Ne dubito: manca proprio l'intercapedine fra il soggetto e l'oggetto che è necessaria per mettere in atto un qualsiasi tipo di studio.

Non so se si potrà mai dare scienza delle mie sensazioni, e non so nemmeno dire se questo avrebbe un senso. In primo luogo perché si dà scienza solo dei fenomeni riproducibili – e io non lo sono – e in secondo luogo perché per raggiungere quell'obiettivo occorrono più descrizioni indipendenti degli stessi fatti, e questo è manifestamente impossibile. Insomma io non sono oggettivabile e questo sembra chiudere definitivamente la questione, anche se tutto lascia pensare che io non sia che la sensazione che prova in concreto il mio Sé. Non potrò però mai saperlo con sicurezza. Ciò non significa che io non possa parlare di me e delle mie sensazioni, che poi è quello che fa ciascuno di noi tutte le volte che può e che fa ogni scrittore o letterato, qualche volta anche in termini poetici.

Quindi? Quindi è inutile invocare l'ineffabilità della mia sensazione personale e la sua incomunicabilità per giungere a escludere la possibilità di uno studio scientifico della coscienza, se non della mente. Io non c'entro; sono un'altra cosa. Concentriamoci sui vari Sé, che già è un gran lavoro, e lasciamo in pace l'io. Che poi sono io.

Ma di me che dico? Io so chi sono e che cosa provo. Qualcuno, e precisamente il filosofo Thomas Nagel, qualche anno fa si è interrogato su *Che cosa si prova a essere un pipistrello?* Ovviamente non lo so, ma non so nemmeno tantissime altre cose molto meno astruse. Non so che cosa si prova a essere mio fratello, mio figlio, mia moglie o nessuno dei miei amici. Ma non so nemmeno bene che cosa provavo io a vent'anni oppure in questa o quest'altra circostanza. Io sono sempre e solo io, al presente.

Talvolta ho l'impressione di sondarmi ed esplorarmi, ovverosia di guardarmi dentro, con uno strumento che usualmente chiamiamo introspezione. È ritenuto un colloquio che io imbastisco con me stesso, ma non è affatto chiaro che cosa possa significare, anche se per secoli gli è stata attribuita un'importanza eccezionale. Il motivo è chiaro. La mia coscienza era considerata allora la via d'accesso alla mente, che non si identifica con l'anima più profonda, così che qualcosa di quest'ultima può essere effettivamente indagato solo con un'introspezione approfondita e più volte riproposta. In quest'ottica, guardarsi dentro vorrebbe dire cogliere qualche elemento essenziale del mio io più profondo, se non della mia anima. Che cosa resta oggi di questa idea? Direi sostanzialmente niente, se non che tenere l'attenzione fissa su di me per un po' di tempo può portare a qualcosa, magari di nuovo, anche se non saprei proprio dire se è più o meno autentico di ciò che mi passerebbe per la testa se non insistessi. E poi che cosa vuol dire « autentico »? Come posso io non essere autentico? Quello dell'autenticità è un altro mito caro ad alcuni pensatori (e agli psicologi) del nostro tempo, senza che nessuno abbia mai chiarito che cosa effettivamente questo voglia dire. Un capo di vestiario Lacoste, o Versace, può essere autentico o contraffatto, poiché c'è qualcuno all'esterno che lo può avere contraffatto, ma me chi mi può avere contraffatto? Potrei averlo fatto da solo, ma ciò implica uno sdoppiamento e questo rientra nelle operazioni del mondo, per giunta anche complesse. Io non posso comunque che essere il risultato di tutto questo.

Posso vivermi, e lo faccio in perpetuo, volente o nolente; posso raccontarmi con parole quotidiane o narrarmi in parole auliche. Quando il cuore duole forte posso anche interrogarmi. Su che? Sul perché di un contrattempo o di una disfatta – io non ho quasi mai sbagliato; sulla giustizia del mondo – io sono quasi sempre nel giusto; sul modo migliore di impostare un'azione – ma esiste un modo migliore? E se esiste, chi lo conosce?; sullo scopo dell'esistenza – sì, può esserci per uno scopo, ma non esistere per uno scopo; sul senso del tutto – ma quale senso e quale tutto? Certo, sono sempre solo e senza linee guida o falsarighe, se non posticce – quelle sì non autentiche!

Solo

Il fatto è che nella mia veste di io, sono sempre assolutamente solo e senza alcuna guida. Ogni evento è nuovo; non è mai accaduto prima, almeno a me; ma il punto è tutto qui. Gli avvenimenti della mia vita sono sempre inattesi e senza precedenti, e senza una trama preordinata. Sono sempre a chiedermi: come va avanti di solito questa storia? E come andrà avanti questa mia storia? Quando tutto va bene, ciò non è rilevante. Ma quando si presentano dei problemi, materiali o psicologici, ciò ci appare scoraggiante, quando non angosciante. Certo, posso ragionarci sopra, posso cercare di richiamare alla memoria qualcosa di simile, accaduto a me o ad altri, ma non è la stessa cosa. Questo accade soprattutto nel dolore, fisico o psichico. Non ci sono appigli, punti di riferimento e neppure colpevoli. Se una donna non mi vuole, se una donna mi ha lasciato, se mi ha tradito o semplicemente non mi capisce, che cosa posso almanaccare? A quale pagina di quale volume mi posso riferire? Chi o che cosa posso chiamare in causa? Capisco allora tutta la folla di Forze Superiori, di Mezze Divinità e di Divinità Supreme che l'uomo si è inventato nella sua storia, come interlocutori, garanti, patrocinatori o semplicemente corresponsabili di ciò che mi capita e di cui mi chiedo il perché. Essere convinti della loro esistenza può talvolta aiutare, come può aiutare condividere i miei problemi con altri esseri umani conversando con loro, ma il sollievo è apparente. Anche se sembra più che sufficiente per la maggior parte delle persone, questo riferirsi ad altri o ad Altri mi lascia solo esattamente come prima. Il dolore, il rimorso, l'orgoglio ferito sono miei e solo miei. Posso passare una giornata a pregare o a divertirmi con gli amici, ma quando viene la sera e per qualche attimo resto solo con me stesso non posso non sentire il morso della disperazione o l'amarezza del dispiacere. La notte non ha i frastuoni del giorno, come sa bene ogni malato.

Mi chiedo spesso allora come fanno gli altri; se anche gli altri hanno un'interiorità come la mia – anche se « so » che quasi certamente è così – e perché tutto sommato io sono costretto ad avere questa mia sensazione di me e del mondo alla quale non posso sfuggire e che raramente mi dà qualcosa. Esserci non serve a essere e neppure probabilmente a fare. Si deve trattare di un'imperfezione, di una sbavatura, di un refuso, di una circostanza sopravveniente, di un epifenomeno, di una complicazione non voluta e non essenziale, del rumore che una macchina in azione non può non fare o del calore che la stessa non può non irradiare. « O forse erra dal vero, mirando all'altrui sorte, il mio pensiero. » Forse servirà invece a qualche cosa. Ne sembrano tutti convinti e spesso ne vanno fieri. Il fatto è che quando di una cosa non ci si può liberare gli si inventa una funzione, magari alta. O un senso, come ai tarocchi, al volo degli uccelli o ai fondi di caffè. Mi sorge il dubbio che questi io che sono in grado di appigliarsi a tutto questo non siano io ma echi sfuocati di un noi. (Non sono gli io in realtà che non sono io, ma i loro rispettivi Sé, immersi fino al collo nelle conoscenze, nelle convinzioni e nelle illusioni di un collettivo che su certi punti è particolarmente compatto e soccorrevole.)

Ma c'è di più. Se la mia sensazione soggettiva non è che una conseguenza necessaria, ancorché priva di utilità, del funzionamento della macchina del corpo e del cervello, perché dovrebbe essere appannaggio solo della nostra specie? Perché non pensare che possa essere comune anche agli animali, almeno alcuni? L'unica cosa di diverso che sappiamo della nostra sensazione soggettiva è che può essere comunicata con parole, mentre quella eventuale degli animali non può esserlo. Non posso quindi escludere che anche un galletto abbia tutto per poter dire io, ma non lo sappia fare.

Posso arrivare anche a capire i presupposti dell'Idealismo. Come dalla gabbia di vetro del mio io posso fantasticare senza tema di smentita sulla stoffa del mondo del quale io sono non solo il centro ma anche l'unico spettatore.

I nostri giochi scenici sono finiti. I nostri attori,
l'abbiamo detto, erano soltanto spiriti
e si sono dissolti nell'aria sottile, impalpabile.
Simili in tutto alla fabbrica senza fondamento di questa visione,
le torri che si perdevano nelle nubi, gli splendidi palazzi,
i templi solenni, lo stesso immenso globo

con tutto quello che contiene si dissolveranno,
e come questa finzione incorporea che avete visto svanire,
non lasceranno indietro nemmeno un tenue strascico. Siamo della stoffa di cui sono fatti i sogni, e la nostra breve vita è racchiusa in un unico sonno.

Come dice Shakespeare ne *La tempesta*.

Se io sono il mondo, e il mio palcoscenico non ha alternative, escludo con un colpo solo tutto ciò che è altro da me. La contrapposizione di soggetto – io – e oggetto – il mondo di cui abbiamo parlato negli altri capitoli – viene a cadere rovinosamente, lasciando una meravigliosa sensazione di ordine e di compattezza. Io mi dilato a mondo e nella mia infinita bontà lo autorizzo e lo legittimo. Da questa visione non c'è modo di uscire, anche se distrugge le basi di ogni possibile conoscenza e di ogni evoluzione culturale. E non risolve assolutamente i miei problemi esistenziali.

Ma domani? Oltre al perché di un evento, mi chiedo talvolta anche fino a quando. Quanto durerà quel dispiacere, quell'angoscia, quel dolore o anche quello stato di soddisfazione? Cosa c'è insomma dietro l'angolo per me? Ai più sembra comodo pensare che qualcosa di questo sia scritto da qualche parte e che magari qualcuno lo sappia. Basta solo scoprirlo. Anche se non c'è mai riuscito nessuno, la fiducia in questa possibilità può apparire rassicurante e certo meglio del nulla rappresentato dall'alternativa. Per qualcun altro, forse, non ha poi molta importanza quanto ci attende, perché comunque sarà bene, da un qualche punto di vista e secondo una qualche logica. Se c'è qualcuno per il quale o per la quale questo pensiero funziona, non può che essere invidiabile – che questi io siano veramente io o echi sfuocati di un noi – ma in me non funziona. In fondo io abito solo la strozzatura di tutte le mie clessidre.

E fino a quando durerà tutto questo? Fino a quando durerò io? Su questo ho le idee chiare: non so quanto durerò, e quante cose ancora vedrò, ma sarà per sempre. Non ci sarà, penso, un momento di discontinuità. La discontinuità non è contemplata nell'io e dall'io, che è per definizione uno ed eterno. Non sto dicendo che il mio corpo non morirà, morirà certamente un giorno, e così farà probabilmente il mio Sé, ma non io. Già Epicuro diceva, un po' di tempo fa, che io non mi incontrerò mai con la mia morte, perché o c'è lei e allora non ci sono io, oppure ci sono io e non ci può essere lei. In tempi molto più recenti Erwin Schrödinger, dopo aver definito la coscienza individuale un *singolare tantum*, una parola che non può avere un plurale, ha affermato: « In nessun caso vi è una perdita di esistenza personale da deplorare. Né mai vi sarà ». Ed è sicuro che io, spogliato di tutte le sovrastrutture e dei posticci che la storia ha prodotto, e ricondotto al mio puro vissuto, non finirò. Non mi compete, *non pertinet*. Non sono radicato in nulla, sono sospeso nel vuoto e avulso dal tempo, ma sono sorprendentemente tenace. Perché indivisibile. Solo le cose divisibili periscono, al momento della disconnessione delle parti che le compongono.

A qualcuno questa potrebbe sembrare una situazione ideale. Se non finirò mai, di che mi lamento? Questi non considera che in questo caso, come in ogni altro, il problema è rappresentato dalla vita, non certo dalla morte. È la vita che spesso duole e spessissimo langue, non la morte. È il mio continuo confronto con il mondo della gente e delle cose che mi contraria o mi abbatte, non il nulla. Ma il nulla, fortunatamente o purtroppo, non è alla mia portata: c'è sempre un pieno nel mio io, mai un autentico vuoto. Se a volte appare che ci sia un vuoto, è in realtà un vuoto per scarsa pienezza, non un vuoto e basta. Probabilmente per sempre. Si vedrà.

Ed io che sono?

Come rispondere allora al leopardiano « Ed io che sono? » Possiamo azzardare qualche risposta, lunga, breve o brevissima.

La risposta lunga è tutto sommato abbastanza chiara. Sono prima di tutto un corpo, con certe caratteristiche e di una certa età. Questo corpo comprende un certo numero di apparati di relazione, fra i quali il sistema nervoso centrale. A quello appartiene il mio cervello con le sue vicende e i suoi alti e bassi. All'interno di quello c'è un centro che genera ed elabora le mie emozioni, un altro che mi fa ragionare e la corteccia cerebrale, soprattutto frontale, che rende tutto questo vivo e palpitante, e magari quasi comprensibile. E me lo fa sentire. Se tutto va bene, tutti i miei stati e tutte le mie azioni sono sotto controllo e si dimostrano sufficientemente adeguati alle diverse situazioni. Queste diverse stanze della coscienza che siamo andati visitando conducono a una sorta di aerostato, di pallone frenato, di stanza avulsa, che sono io. Io mi sento al centro di tutto questo e quasi *gubernator* del mio vascello. Questa sensazione sono io. Il sogno del giunco pensante.

La risposta breve dice che io, come istanziazione dei vari stati del mio Sé, sono il precipitato della mia biologia di base, del mio sviluppo, della mia formazione materiale e intellettuale, dei miei studi, delle mie letture, dei miei incontri e delle mie conversazioni. Come tale mi situo nel tempo e nelle opportunità offerte dalle combinazioni possibili del mio spazio interiore. E sento, soprattutto sento. Ogni giorno a ogni ora, un rumore di fondo inestirpabile contro il quale si stagliano di tanto in tanto alcune immagini e impressioni in rilievo. Io sono tutto questo, infinitamente libero, ma blindato entro me stesso.

La risposta brevissima è, come dovrebbe sempre essere: probabilmente non lo so.

Ma ci sono e mi sento esserci. Così come riesco a sentire e ad apprezzare questi versi, o altri ugualmente belli, scritti da qualcun altro mio pari, di cui pur nella mia solitudine esistenziale mi sento fratello:

Forse s'avess'io l'ale
da volar su le nubi,
e noverar le stelle ad una ad una,
o come il tuono errar di giogo in giogo,
più felice sarei, dolce mia greggia,
più felice sarei, candida luna.

LETTURE

B.J. Baars, *A Cognitive Theory of Consciousness*, Cambridge University Press, Cambridge 1988.

G. Bellelli, *Le ragioni del cuore*, Il Mulino, Bologna 2008.

N. Berardi e T. Pizzorusso, *Psicobiologia dello sviluppo*, Laterza, Roma-Bari 2006.

E. Boncinelli, *Il cervello, la mente e l'anima*, Mondadori, Milano 1999.

E. Boncinelli, *Io sono tu sei*, Mondadori, Milano 2002.

E. Boncinelli, *Il male*, Mondadori, Milano 2007.

E. Boncinelli, *I miei lirici greci*, Editrice San Raffaele, Milano 2008.

J.P. Changeux, *L'uomo di verità*, Feltrinelli, Milano 2003.

P.M. Churchland, *Matter and Consciousness*, MIT Press, Cambridge 1992.

P.M. Churchland, *Il motore della mente e la sede dell'anima*, il Saggiatore, Milano 1998.

F. Crick, *La scienza e l'anima*, Rizzoli, Milano 1994.

A. Damasio, *Emozione e coscienza*, Adelphi, Milano 2000.

D.C. Dennet, *Coscienza*, Rizzoli, Milano 1993.

D. Denton, *Le emozioni primordiali*, Bollati Boringhieri, Torino 2009.

M. Di Francesco, *L'io e i suoi sé*, Raffaello Cortina, Milano 1998.

M. Di Francesco, *La coscienza*, Laterza, Roma-Bari 2000.

G. Edelman, *Il presente ricordato*, Rizzoli, Milano 1991.

G. Edelman, *Sulla materia della mente*, Adelphi, Milano 1999.

D. Evans, *Emozioni*, Laterza, Roma-Bari 2002.

S. Freud, *Il disagio della civiltà e altri saggi*, Boringhieri, Torino 1977.

H. Gardner, *La nuova scienza della mente*, Feltrinelli, Milano 1988.

M.S. Gazzaniga, *La mente etica*, Codice Edizioni, Torino 2006.

S.J. Gould, *Ontogeny and Philogeny*, Harvard University Press, Cambridge 1977.

D. Hofstadter e D. Dennett, *L'io della mente*, Adelphi, Milano 1985.

N. Humphrey, *Rosso*, Codice Edizioni, Torino 2007.

G. Lakoff e M. Johnson, *Metafore e vita quotidiana*, Bompiani, Milano 2004.

A. Lancelin e M. Lemonnier, *I filosofi e l'amore*, Raffaello Cortina, Milano 2008.

J. LeDoux, *Il Sé sinaptico*, Raffaello Cortina, Milano 2002.

J. LeDoux, *Il cervello emotivo*, Baldini Castoldi Dalai, Milano 2003.

B. Libet, *Mind time*, Raffaello Cortina, Milano 2007.

M. Minsky, *La società della mente*, Adelphi, Milano 1989.

M. Motterlini, *Economia emotiva*, Rizzoli, Milano 2006.

T. Nagel, *Questioni mortali*, il Saggiatore, Milano 1986 (contiene anche il famoso articolo *Che effetto fa essere un pipistrello?*).

J. Panksepp, *Affective Neuroscience*, Oxford University Press, Oxford 1998.

P. Perconti, *L'autocoscienza*, Laterza, Roma-Bari 2008.

G. Rizzolatti e C. Senigaglia, *So quel che fai*, Raffaello Cortina, Milano 2006.

E. Schrödinger, *Che cosa è la vita?*, Adelphi, Milano 1995.

J. Searle, *La riscoperta della mente*, Bollati Boringhieri, Torino 1994.

P. Valery, *Cattivi pensieri*, Adelphi, Milano 2006.

S. Zeki, *A Vision of the Brain*, Blackwell, Oxford 1993.

INDICE

Fotocomposizione Editype s.r.l.
Agrate Brianza (Milano)

Finito di stampare
nel mese di aprile 2010
per conto della Longanesi & C.
da Grafica Veneta S.p.A. di Trebaseleghe (PD)
Printed in Italy